Iris Wolff

So tun, als ob es regnet

Roman in vier Erzählungen

Klett-Cotta

Zitatnachweise:
S. 7: Hermann Lenz: Verlassene Zimmer. Frankfurt am Main 1987.
S. 24: Georg Trakl: „Klage" in: Dichtungen und Briefe. Herausgegeben von Hans Weichselbaum, Salzburg 2020.
S. 162: Das Zauberpferd. Märchen aus Siebenbürgen und den Karpaten. Herausgegeben von Sigrid Früh. Frankfurt am Main 1984.

MIX
Papier | Fördert gute Waldnutzung
FSC® C019821
FSC www.fsc.org

Klett-Cotta
www.klett-cotta.de
Veröffentlicht im Verlag J. G. Cotta'sche Buchhandlung Nachfolger GmbH, 2022

Cover: Favoritbuero, München
unter Verwendung einer Abbildung von © Johnny Van Haeften Ltd., London / Bridgeman Images, Blume: © Christie's Images / Bridgeman Images
Gesetzt von Dörlemann Satz GmbH & Co. KG, Lemförde
Gedruckt und gebunden von Druckerei C.H.Beck, Nördlingen
ISBN: 978-3-608-98491-0

Vierte Auflage, 2024

Die erste für Stine, die zweite für Julia,
die dritte für Bille, die vierte für Esther

Du musst dich umschauen, sieh um dich;
was du bemerkst, das gehört dir.
Hermann Lenz

Er lag neben der Quelle, versuchte seinen Atem zu beruhigen und bemerkte mit einem Mal die Stille, die alles umfangen hielt.

Budapest?

„Budapest“, sagte Jacob, als er aufwachte.

Vor den Wagenfenstern rollte die Landschaft vorbei. Unablässig war sie ihm in seine Träume gesickert, milchig getrübt durch die verschmutzten Fenster, hartnäckig, da es nichts anderes gab, womit er sich beschäftigen, ablenken konnte.

Die Maisfelder muteten an wie Schilfgebiete. Der Himmel war gehäutet, die Sonne ein blasser Lampion. Der Zug ratterte durch Dörfer, an Häusern vorbei, die ihre Dächer wie Hüte trugen, unter denen ab und an ein Auge hervorblitzte, schläfrig, gleichgültig. Bahnhofsgebäude tauchten auf, verlassene und bevölkerte, gepflegte und verfallene. Und dann, irgendwann, flog den Bergen, viele Kilometer weißgrau gehöht, ein übersättigtes Grün an.

Wo war sein Tabak? Sein Feuer? Er räumte die Hosentaschen aus. Ein Zettel kam zum Vorschein, ein loser Knopf, den er wieder annähen musste. Er setzte sich auf, indem er sich mit den Ellenbogen aufstützte, lehnte den Kopf seitlich gegen die Wand des Zugabteils. Seine Haut fühlte sich an, als sei sie durchlöchert. Wiederholt hatte ihn ein Fiebertraum geplagt, das Bild eines Perforators, der sich in Papier fraß, Löcher stanzte, eines nach dem anderen, bis das Blatt mit dem Aussehen eines behördlichen Dokuments nur noch ein Labyrinth aus dünnen, angerundeten Papierstegen war. Jacob spürte die Hand Liliensteiners, die ihm einen feuchten Lappen auf die Stirn legte, die des Arztes, die ihm den Puls fühlte. Nur ein leichtes Fieber, kein Grund zur Sorge.

„Budapest", hatte ihm sein Freund zugeflüstert. Er versuchte erst gar nicht, seine Aufregung zu verbergen. Das hieß, sie würden Stadtquartiere beziehen. Wie eine Losung wurde dieses Wort weitergegeben, von Abteil zu Abteil, von Waggon zu Waggon, bis zu den offenen Ladeflächen, wo die Männer dem Fahrtwind ausgesetzt waren – Budapest. Jacob dachte an Kaffeehäuser, Straßenschluchten mit sechsgeschossigen Gebäuden, die Oper, die Markthalle, den Burgpalast, die Széchenyi-Brücke über die Donau … Dann stieg ein anderes Traumbild auf, das alle Sehenswürdigkeiten verblassen ließ. Er sah ein Bett vor sich, Kopfkissen und Decke mit weißer Wäsche bezogen. In dieses Bett würde er sich fallen lassen, nein, er würde sich waschen und dann fallen lassen, sich dem Trost von frischer Bettwäsche hingeben. Das Rattern des Zugs, das ihm in den Knochen saß, das Löchrige, Durchlässige würde über Nacht verschwinden.

Jetzt drängten sich alle an den Wagenfenstern zusammen, begierig, die Silhouette Budapests zu sehen, doch bereits in den Vororten nahm der Zug eine andere Richtung, schob sich unerbittlich in den werdenden Abend. Die Straßen und Laternen waren fort, die Lichter der großen Stadt bald nur noch ein sanftes, verstimmtes Glimmen am Horizont.

Liliensteiner öffnete das Abteil, entschuldigte sich noch in der Tür. Jemand musste den Adjutanten falsch verstanden haben. Wunschvorstellungen und Luftschlösser gingen auf den offenen Ladeflächen, in den Gängen, den Kranken-Abteilen entzwei. Jacob machte eine wegwischende Bewegung, wie um diesen Geräuschen Einhalt zu gebieten, wandte den Blick vom Fenster ab und lehnte sich wieder zurück aufs harte Polster.

„Gibst du mir Feuer?“

Am nächsten Morgen war das Fieber fort. Aus der Donau war die Theiß geworden, und als der Zug in Arad einfuhr, wussten sie, dass Siebenbürgen ihr Ziel war.

Die Marosch hatte sich zwischen bewaldeten Bergen an die Gleise herangeschlichen. Es war, als wollte sie den Zug nicht mehr verlassen, spülte schattige Uferböschungen, Halbinseln und graugrünes Wasser vor die Zugfenster. Jacob hatte ihren Namen immer wieder ausgesprochen: Marosch, mit einem langen „a“, einem „r“, das nicht an der Zunge, sondern in der Kehle rollte, und einem vollen „sch“ am Wortende.

Sie wechselten den Zug, in einem Ort, dessen Namen er gleich wieder vergaß. Die Bewohner trugen flache Hüte, Westen mit Silberknöpfen, Lederhosen und schwere Stiefel. Die ungepflasterten Gassen, die geduckten Häuser und das Federvieh vermittelten ihm das Gefühl, er habe nicht den Ort, sondern die Zeit gewechselt. Der angekündigte Zug kam nicht und die Truppe hatte die Aufgabe, Quartiere für die Nacht zu suchen. Jacob wurde mit dem Kommandanten in einem verlassenen Bauernhof untergebracht. Der Kommandant ließ sich von Jacob bei der Zensur der Post helfen, da er Handschriften gut entziffern konnte und einige Sprachen beherrschte. Zumindest soweit, dass er eingestreute ungarische, tschechische und italienische Wörter übersetzen konnte, meist nichts als Kosenamen oder von anderer harmloser Bedeutung.

Jacob mochte es, die Schriftbilder zu studieren: Waren die Buchstaben verbunden oder standen sie vereinzelt? Wie viel Rand blieb auf den Blättern? Fielen die Zeilen oder stiegen sie auf? Die einzelnen Merkmale waren oft nicht eindeutig. Längenunterschiede konnten die Erhebung übers Alltägliche anzeigen oder auf Selbstgefälligkeit hinweisen. Eine lang gestreckte Schriftweite konnte Aufgeschlossenheit bedeuten, aber auch Ungeduld, Flüchtigkeit; verzierte Buchstaben einen Blick fürs Detail oder Eitelkeit.

Jacob machte sich einen Spaß daraus, anhand der Briefe und seiner Beobachtungen fünf Grundtypen unter den Soldaten auszumachen – harmlose und weniger harmlose, aus denen sich viele Charaktere zusammensetzten. Die erste Kategorie waren die Selbstverkünder. Da kaum jemand ihre Klugheit zu bemerken schien, fühlten sie sich berufen, dieses Versäumnis durch mehr oder weniger bescheidene Hinweise aus der Welt zu schaffen. Alles, was sie taten, und sei es noch so unbedeutend, würde sich später als wesentlicher, ja entscheidender Schritt herausstellen. Alles, was sie sagten, hatte Bestand, und war sicher noch für künftige Generationen von Interesse. Sie wussten es ja schon immer, wie bedauerlich, dass andere auch manchmal etwas wussten – aber sie wussten es einfach immer schon länger.

Die zweite Kategorie waren die Träumer. Sie ersparten sich die Anstrengung, sich auf den Augenblick einzulassen. Schwer zu sagen, ob sie noch an etwas anderes dachten als ans nächste Ruhekissen. Sie konnten strammstehen, keine Miene verziehen und dabei doch ein Schläfchen machen. Ihnen war alles zu viel, der nächste Schritt, die nächste Übung, sie lebten in der Hoffnung, dass eine leichte Verwundung sie untauglich machen und an den Kachelofen zurückschicken würde.

Die dritte Kategorie waren die Trottel. Es war der einzige Typ, der sich in allen Gesellschaftsschichten finden ließ und in allen Physiognomien daherkam: Es gab sie als hemdsärmelige, tatkräftige Typen oder mit Bäuchen, fliehendem Kinn und weltmännischem Gehabe. Es gab sie gut ausgebildet oder strohdumm. Trotzdem war es der am leichtesten zu erkennende Typ, meist genügte ein einziger Satz. Sie waren nur in einer Sache zu beneiden: Sie litten wenig. Ein überschaubarer Verstand verhinderte größere Verzweiflung.

Die vierte Kategorie waren die Scheinheiligen, es war, als hielten sie immer eine Kerze in der Hand. Während alle um sie herum im Morast steckten, umgab sie der Geruch einer Wäschekammer – Regalreihen von weißen, akkurat gefalteten Tischdecken, frisch gewaschen, vielleicht nie benutzt. Sie wogen ihre Worte sorgsam ab, Silben durften nicht verschluckt werden, An- oder Verschlusslauten wurde gehuldigt. Dass die Welt im Argen lag, überraschte sie nicht. Jeder Tod, jedes Unglück war ihnen ein Gleichnis.

Die fünfte Kategorie waren die Dichter. Seltsamerweise gab es an der Front viele von ihnen. Sie führten Tagebuch, suchten in den Städten nach Bücherkisten, lasen am Abend im Feuerschein. Sie waren oft traurig. Sie schrieben die längsten Briefe. Bekamen sie Post, steckten sie das Kuvert in die Brusttasche und stellten sich erst einmal eine Weile vor, was darin stand. Es gab sie gern als Mischtyp, gepaart mit Selbstüberschätzung und -darstellung, überzeugt von ihrem außergewöhnlichen Blick auf die Welt. Oder voller Zweifel und Verlegenheit, mit unzusammenhängendem, sprunghaftem und narkotisierendem Geschreibsel.

Seit bekannt war, dass Jacob die Briefe las, begegneten ihm einige Männer mit Misstrauen. Andere ließen ihm eine auffällige Höflichkeit angedeihen. Nur der Liliensteiner hatte sich nicht beeindrucken lassen. Er nahm die Dinge mit einer Unaufgeregtheit, aber auch Umständlichkeit hin, die aus ihm zuweilen einen Narren machte.

„Der Kommandant wollte dich sehen, doch es hat sich in der Zwischenzeit erledigt, so dass mir nur zu sagen bleibt, dass du, wenn es nicht anders gekommen wäre, zum Kommandanten hättest gehen müssen" – war ein typischer Liliensteiner-Satz. Sicher war niemand anderes als er es gewesen, der das Gerücht über Budapest in die Welt gesetzt hatte, weil er sich dieses Ziel wünschte und somit nicht anders konnte, als alle Anzeichen falsch zu deuten.

Jacob las die Briefe neben einem Ofen mit weißblau glasierten Kacheln. Durch niedrige Fenster fiel Licht auf eine Reihe Krüge an der Wand. Nachdem er im Hinterhof geraucht und die Hühner beobachtet hatte, ging er zu Bett. Aus tiefem, traumlosen Schlaf weckte ihn ein Klopfen. Es war der Eigentümer, der höflich Einlass in sein Haus verlangte, das in seiner Abwesenheit besetzt worden war. Anderntags wurde Jacob bei einer Frau einquartiert, die ihn in den Keller führte, in dem mehrere Weinfässer und kleinere Gebinde mit Schnaps standen. Als er ablehnte, setzte sie ihm Brot und Milch vor und zeigte ihm die Bilder ihres Mannes und ihres im Krieg gefallenen Sohnes. Sie stellte die Bilderrahmen auf den Esstisch, so, dass sein Blick darauf fiel, wenn er aufsah. Er nahm das Abendbrot in ihrer Anwesenheit ein und schmeckte bei jedem Bissen, dass er der Noch-Lebende war, der Noch-Verschonte.

Die Rumänen hatten bei ihrem Rückzug mehrere Brücken gesprengt. Etliche Kilometer folgte Jacobs Truppe dem Flusslauf, bis sie auf eine neue, notdürftig errichtete Holzbrücke trafen und der Kommandant die überfällige Rast erlaubte.

Das Herbstwetter war mild, ein September, der weniger vom kommenden Winter als dem vergangenen Sommer erzählte. Jacob setzte sich abseits unter eine Linde, lehnte sich an den Stamm und sah auf den Alt, der sich durch den Roten-Turm-Pass bis in die Walachei zog. Eine flüssige Trennlinie zwischen Bergen, deren Grün, ebenso wie die Blätter der Linde, herbstlich durchbrochen war. Die ihm zugewandte Hügelseite lag im Schatten und streute tiefschwarze Töne in die Landschaft.

Jacob war am 1. Oktober 1891 im Burgenland geboren worden und bezeichnete sich als Herbstgeselle. Er hatte die heimliche Theorie (die er heimlich nannte, obwohl er jeden damit behelligte), dass man sich besonders zu der Jahreszeit hingezogen fühlte, in der man zur Welt gekommen war. Als habe der Körper anhand dieser ersten prägenden Eindrücke die Sinne ausgerichtet und daraus den Vergleich mit allen anderen Monaten und Jahreszeiten abgeleitet.

Für ihn war die erste Herbsthälfte kein Sterben, vielmehr ein Innehalten; kein Vergehen, sondern ein Ruhen, das einen selbst zum Stillsein bewog. Im Frühling begann das Blühen, im Sommer setzte das Reifen ein, alles diente einem Zweck, bewegte sich zielstrebig in eine Richtung. Hier, vielleicht nur hier, war der Moment, in dem die Natur verweilte, eine Ruhepause einlegte, die ersehnte Unterbrechung der Zeit. Bald würde das Welken einsetzen, die Bäume, eben noch durchsprenkelt von Gelb und Grün, stünden lichterloh in Flammen. Die Luft würde kalt und klar werden, die Dunkelheit zunehmen, und seine Angst und Müdigkeit offenbaren. Ein Jahr Frankreich, mit allem, was dazugehörte: Hunger, brütende Hitze und Schnee, der an einem denkwürdigen Abend ein Lied für ihn gesungen hatte, jede Flocke ein Ton – betäubend, betörend schön –, und er wäre nicht wieder aufgewacht, wenn der Liliensteiner ihn nicht gefunden hätte. Jacob saß unter der Linde und erkannte, dass alles, was er erlebt hatte, eine Art innerer Besitz geworden war, zu ihm gehörte, ihn verändert hatte.

Noch war es windstill, die Mücken kreisten, das Wasser des Flusses schien stehenzubleiben, der Moment dehnte sich aus, und Jacob schlief, bis er durch den Appell des Kommandanten geweckt wurde. Er stolperte der Truppe hinterher, über die Holzbrücke auf die andere Seite, schattig und kühl, und sah immer wieder zur Linde zurück, die lichtbemalt vor sich hin schlummerte und ihn bis vor wenigen Augenblicken in ihren Schlaf mitgenommen hatte.

Wo ebene Erde zu finden war, wurden Zelte aufgeschlagen. In Ermangelung von Heu und Stroh diente Moos als Unterlage. Einige schliefen zwischen Gestrüpp auf dem Boden, eingehüllt in Mäntel und Decken. Die Spitzen der Zelte hoben sich gegen einen Himmel ab, den die Sterne trugen, nicht umgekehrt. Zu hören waren nur Gebirgsbäche und das Geräusch des Windes an den Zeltplanen. Jacob sah auf das nächtliche rumänische Grenzgebirge, spürte seine ganze Masse, seine Kälte und Unwegsamkeit, die ihn mit trügerischer Ruhe besänftigte und in der Deckung der

Berge und Wälder die Strategien des Krieges verbarg.

Am 27. August war der Rote-Turm-Pass von rumänischen Truppen überfallen worden. Ungarische Grenzwachen konnten sie mehrere Tage aufhalten, die Hermannstädter Bevölkerung wurde evakuiert. Ein Teil des Bürgertums floh nach Budapest, Jacobs Sehnsuchtsort auf Zeit. Die Rumänen besetzten Ortschaften am Fuße der Südkarpaten, schickten jedoch nur schwache Abteilungen durch die Rote Stadt, unentschlossen, als gelte der Mythos ihrer Unbesiegbarkeit, als würden sie die gekreuzten Schwerter aus der Ursprungssage noch immer abwehren.

Jacobs Truppe sollte dem Feind durch einen Umgehungsmarsch über das Zibinsgebirge in den Rücken fallen. Sobald der Rote-Turm-Pass für den Rückzug der Rumänen versperrt war, würde der Angriff der deutsch-ungarisch-österreichischen Kräfte beginnen. Der Marsch war kräftezehrend. Jacob sah, wenn ihn nicht der Anblick der aufragenden Felswände und des weiten, siebenbürgischen Berglands gefangen nahm, zu Boden, damit ihm die Steigungen nicht ins Bewusstsein drangen. Hob er den Blick auf die lange Reihe der Feldgrauen, suchte er sich einen Fixpunkt in der Höhe. „Nur noch bis dorthin“, war ein Spiel, mit dem er und der Liliensteiner sich ablenkten und das sie wiederholten, bis sie die Zelte zur Nacht aufschlugen.

Sie konnten unbemerkt auf über zweitausend Meter steigen. Die Einkesselung gelang. Beim Überschreiten des Alt an einer Lichtung wurde unvermittelt Feuer gegen sie eröffnet. Nach den Stunden, in denen es nur darum gegangen war, die eigene Kraft gegen die der Berge zu setzen, brauchte Jacob einen Augenblick, um das Geräusch zuordnen zu können. Er hielt es zunächst für einen irrtümlichen Schuss, wandte sich um, und während er sich orientierte, war es, als drehte sich die Flusslandschaft um ihre eigene Achse und offenbarte eine rasende Kehrseite. Überall wurde geschossen, Männer rannten zum Ufer, suchten Deckung, sanken neben ihm zu Boden, Pferde bäumten sich auf, wurden vom Kugelregen erfasst, fielen in den Fluss, jagten Wassersäulen auf, blieben mit verrenkten Gliedern liegen.

Alles fiel von ihm ab, auch die Angst. Er zielte in den Wald, rannte, duckte sich, und es war gleich, ob hinter Felsen oder Pferdeleibern. Er schrie und hörte doch nichts; es gab einen Lärm, der an Stille grenzte. Im Flussbett verhakten sich Fahrzeuge, Menschen und Tiere. Das Wasser färbte sich rot. Und einfach so, ohne Vorwarnung, kippte die Flusslandschaft in ihren ursprünglichen Zustand. Die Angreifer zogen sich zurück. Der Herbstwald leuchtete wie zuvor, Sonnenschein lag auf dem Alt. Die Landschaft war unversehrt, und die Berge fingen wieder an, sie mit ihrer Ruhe zu beschwichtigen.

Vier Tage dauerten die Kämpfe am Alt. Die Rumänen versuchten vergeblich, den Roten-Turm-Pass wieder zu öffnen, Brücken und Stellungen zurückzugewinnen. Dreitausend Soldaten wurden gefangengenommen, Lebensmittel, Munition, Geschütze, Züge und zwei Flugzeuge beschlagnahmt. Aus dem Fluss ragten Fahrzeugteile auf; die Gespanne mit ihren Deichseln glichen gekenterten Schiffen. Zwischen den Weidenzweigen am Ufer hatten sich tote Soldaten verfangen, Pferdekadaver, erschossene Hunde. Die Wiesen waren voller Papierbögen, Postkarten und den verstreuten Teilen einer Bibliothek. Zu Jacobs Überraschung darunter auch Diderot, Schiller, Goethe und Balzac. Sie sollten Feinde sein, und lasen doch dieselben Bücher.

Jacob und Liliensteiner wurden einer Truppe zugeteilt, die den Roten-Turm-Pass nach Süden verteidigen sollte. Der Widerstand der Rumänen war ungebrochen. Sie waren verzweifelt und kannten das Gelände besser. Einmal konnten sie bis auf dreißig Meter an Jacobs Truppe herankommen, und im Maschinengewehr- und Handgranatenfeuer hatte es viele Tote gegeben. Die Männer waren erschöpft, das Schuhwerk befand sich in jämmerlichem Zustand, und die angekündigte Stiefelsendung kam nicht.

Jacob wurde ausgeschickt, um am nächsten Stützpunkt danach zu sehen, und kam mit der

Nachricht zurück, dass sich die Ankunft der Stiefel erneut verzögern würde. Er nahm einen Pfad, der, etwas abseits, zuerst am Waldrand verlief und dann ins Unterholz führte. Raureif hatte alles mit Eiskristallen überzogen, bizarre Formen, die eigensinnig gegen den Wind wuchsen. Nebel fiel ins Tal, oder stieg er auf? Der Tag ging in den Abend über und Jacob versuchte, sich an das Gefühl der Sonne auf geschlossenen Augenlidern zu erinnern.

Er bemerkte einen Schatten in seinem linken Blickfeld, begleitet von einem Rascheln, blieb stehen, unwillkürlich die Luft anhaltend, musterte Baum für Baum und zog dabei langsam das Gewehr hervor. Hinter einem Stamm entdeckte er die Rundung einer Schulter. Sie bewegte sich kaum, und doch konnte er die Anspannung und das Zittern spüren, so stark, dass der ganze Baum hätte beben müssen. Das war kein Zivilist, der sich verlaufen hatte. Die Schulter offenbarte die rumänische Uniform.

Jacob richtete das Gewehr auf ihn.

„Komm heraus. Mit erhobenen Händen."

Ein Mann in moosgrüner Uniform trat hervor. Jacob wusste, er sollte schießen, gleich, ohne noch einem einzigen Gedanken zu folgen – es wäre nichts weiter als ein Aufprall auf einem Bett aus Eiskristallen, ein Abwenden, Weitergehen.

Die Augen des Mannes waren überraschend hell, sie gaben dem Gesicht mit den schwarzen Augenbrauen und Haaren etwas Offenes, Warmes. Jacob mochte eine solche Offenheit des Blicks. Man bemerkt sie gleich, auch im Vorübergehen, eine Art Zugewandtheit, Verletzlichkeit. Es hatte einige Männer gegeben, denen er in die Augen sah, als er sie tötete. Immer hatte sich in ihrem Blick das in die Enge getriebene Leben gezeigt, die Hoffnung auf Gnade, Rettung, Erbarmen. Dieser Mann aber sah ihn geradewegs an, mit einem Verständnis und einer Nachsicht, fast Zutrauen, die Jacob zögern ließ. Es war ihm längst klar, dass er nicht schießen konnte, doch er stand noch einige Zeit unbewegt, das Gewehr auf den Mann gerichtet. Er wusste nicht warum, doch einige Zeilen von Georg Trakl fielen ihm ein.

Sieh ein ängstlicher Kahn versinkt
Unter Sternen,
Dem schweigenden Antlitz der Nacht.

Noch vor wenigen Wochen hätte er mit dem Mann, der jetzt vor ihm stand und sich in der Wahrscheinlichkeit des Todes einrichtete, Freundschaft schließen können. Dann hatte das Königreich Rumänien den Mittelmächten den Krieg erklärt, und jetzt musste er schneller sein, kaltblütiger als sein Gegenüber. Die Nacht wartete an der Schwelle, eine Bewegung des Fingers würde ausreichen, und dieser unwirkliche kristalline Wald würde den Mann auf der anderen Seite seines Gewehrlaufs aufnehmen. Das Versinken des Kahns ist nicht schlimm, dachte Jacob, nur die Augenblicke vorher, in denen man hofft, das Wasser ließe sich noch mit den Händen abschöpfen.

Jacob ließ das Gewehr sinken und nickte kaum merklich. Der Mann wandte sich ab, lief den Hang hinunter, lautlos, ohne einen weiteren, vergewissernden oder dankbaren Blick. Als Jacob bei den Stellungen ankam, sah er, dass der Nebel inzwischen die Täler ausfüllte, überschwemmt hatte, ein übergelaufener See, aus dem die Gipfel wie Inseln hervorragten. Gewissensbisse regten sich, als er dem ersten Kameraden begegnete. Er sagte sich, dass er nicht anders hätte handeln können, dass er sich von der Notwendigkeit des Todes für diesen Mann nicht hätte überzeugen können, trotz oder gerade wegen all der Gräber, manche nicht älter als einen Tag.

Jacob lag auf einem Bett aus Tannenzweigen und hörte auf die Stimmen der Männer, die noch wach waren. Seit zwei Tagen regnete es, die Uniform war durchweicht, der Körper durchgefroren. Wenn Kälte von ihm Besitz ergriffen hatte, war Wärme etwas, das sich seiner Vorstellung entzog. Wenn er Hunger hatte, war die Erinnerung an das

Gefühl, satt zu sein, verschwunden. Das, was fehlte, wurde unvorstellbar.

Der Liliensteiner tröstete sich gern mit der Aufzählung seiner Leibgerichte, deren Zubereitung er wie eine Liturgie vortrug – wie bei Eulenspiegel, wo der Geruch das Essen und der Klang der Münzen das Bezahlen ersetzten. Er wälzte sich neben Jacob im Schlaf. Wovon er wohl träumte? Vielleicht von zu Hause, einer Frau, Familie. Jacob hatte nie den Wunsch nach einem bürgerlichen Leben gehegt. Er hatte sich deswegen immer unvollständig gefühlt. Weil er nichts Vorausschauendes tat, dem Zufall folgte, leichtsinnig, verwegen, manchmal sinnlos. Würde das Bild, das entstand, zuletzt ansehnlich sein, oder würde er über die Ränder hinaus malen, Farben mischen, die nicht zueinandergehörten? Würde etwas erkennbar sein, oder würde es aussehen wie eine Kinderzeichnung, die als Versuch zu loben war?

Er hätte gern auf diesen Krieg verzichtet. Andererseits: Er ließ nichts zurück, außer den Eltern und einem jüngeren Bruder. An ihn dachte er oft, es waren die einzigen Momente des Heimwehs, die er sich erlaubte. Henri mit seinem schmalen Mund, den wachen Augen und den Händen, die immer einen Käfer, einen Regenwurm oder eine Spinne beherbergten, die er im Haus oder Garten aufgetrieben hatte. Es konnte sein, dass ein Tag vorbeiging, ohne dass Henri auch nur ein Wort, das über „Ja“, „Nein“ oder „Danke“ hinausging, erwiderte. („Dein Herz, eine Mördergrube“, sagte die Mutter.) Wenn man nicht in ihn drang, hartnäckig nachfragte, manchmal grob und unhöflich wurde, erfuhr man nichts über ihn. Er ertrug Gesellschaft mit einer Geduld, die sich zwar nicht als Langeweile zeigte, jedoch unverkennbar anders war als jene Ausdauer, die er für seine Studien aufbrachte. Henri konnte stundenlang in Gummistiefeln in einem Weiher ausharren und mit einem Netz Kaulquappen oder Kröten fangen. Nur, um sie dann zu klassifizieren und wieder auszusetzen. Töten konnte er sie nicht.

Einmal war aus Versehen eine Heuschrecke ums Leben gekommen, die er in Ermangelung eines Behältnisses in seine Brusttasche gesteckt und aus dem Wald nach Hause gebracht hatte. Ein grüner, filigraner Geselle mit merkwürdig verdrehten Beinen auf dem Küchentisch. Henri war untröstlich. Er vergrub die Heuschrecke im Garten, markierte die Stelle mit einem Stein und suchte sie über Wochen auf, stand schweigend davor, bis die Eltern ihn zum Arzt brachten.

Jacob hatte das Gefühl gehabt, er müsse etwas tun, seinem Bruder eine Perspektive aufzeigen, ihn retten. Manchmal wurde dieser Wunsch übermächtig und mochte dem Gefühl Henris vor dem Heuschreckengrab ähneln: Ohnmacht, Unzulänglichkeit, Ungenügen.

Der Nachmittag hatte fünf Männern das Leben gekostet. Der Kommandant machte den Eindruck, als ob er an manchen Tagen nicht wusste, welche Täler und Berge besetzt waren und welche nicht, und Jacob verließ der Glaube, dass irgendeiner dieser Berge von Bedeutung war. Sie waren durch Wälder marschiert, so dicht mit Flechten bewachsen, dass kaum Licht auf den Boden fiel. Um den Weg nicht zu verlieren, orientierten sie sich an etwas Hellem, einem Zinnbecher, dem Kochgeschirr des Vordermanns. Die Sonne drang durch Baumstämme und Wipfel wie durch ein Sieb. Ihm wurden all die Wege, Geröllhänge und Wälder zu einem uferlosen Raum. Gab es in diesem Land überhaupt etwas anderes als Berge? Sie eroberten Stellungen, biwakierten, bauten neue Stellungen, schliefen in ausgehobenen Erdlöchern, wo die Mäuse etwas zu essen suchten und Würmer das Erdreich lockerten, so dass ihnen ein Vorgeschmack auf das eigene Ende beschert wurde. Manche sprachen vom Ende des Krieges. In Wien kam es zu Lebensmittelplünderungen, Protestzügen wegen der schlechten Versorgungslage, es hieß, die Hofburg sei von Massen umlagert, die den Kaiser beschworen, den Frieden einzuleiten. Jacob glaubte nicht daran.

Ist es das, worauf dein Leben hinausläuft? Diese Berge, um die der Nebel wie geschäumte Milch steht, der Horizont, verschwindend dünn, eine

Wasserlinie, hinter der irgendwo Ungarn liegt, dann Österreich, dann Deutschland. Er fühlte sich nicht mehr zugehörig, nicht einem Land, nicht diesem Krieg. Es schien ein anderer gewesen zu sein, der im September unter der Linde am Fluss saß, in lichtheller, alles umfassender Stimmung, als die Karpaten sich noch als harmlose, bewaldete Hügel gezeigt hatten.

Im Traum ging Jacob den Fluss entlang, er wusste nicht, woher er kam, es war ein Gefühl des Zufälligen, das er immer gemocht hatte, – beide Enden, die einen Weg ausmachten, lagen im Ungefähren. Er folgte dem Flusslauf, kein Laut war zu hören, kein Gurgeln, Plätschern, Sprudeln oder Rauschen, dann hob ein Ton an, ein helles Vibrieren, und er bemerkte, dass das Wasser nicht mehr hinunter, sondern hinauf floss. Er sah, wie die Fische die Richtung wechselten, wie alles rückwärts lief, die Wolken, das Wasser, der Wind, der das Laub auffächerte. Er setzte sich auf einen Stein, tauchte die Hände in den Fluss und schöpfte Kreise, vollkommene Kugeln, in denen das Wasser wie in einem Bassin gefangen war. Er hielt sie hoch und gab sie dem Fluss wieder, hob weitere Kreise aus der Strömung und ließ sie wieder fallen; sie lösten sich auf, sobald sie die Wasseroberfläche berührten, und doch war es, als wäre der ganze Fluss voll von ihnen.

Jacob brauchte nach dem Aufwachen einige Zeit, um sich zu orientieren. Er setzte sich auf und sah, dass der Himmel voller Schneetreiben war, grotesk erleuchtet wie ein Jahrmarkt, da Deutsche, Österreicher und Rumänen einander durch das Aufsenden von Leuchtkugeln bewachten und warnten. Das Zischen der Raketen vermischte sich mit dem Heulen der Wölfe. Der Wald, dessen Gesellschaft sein Bruder jener der Menschen vorzog, war bereits zu lange Schauplatz ihrer Kampfhandlungen. Der Wald nahm alles auf, aber er war satt, er war ihrer satt, und selbst die Stille schien ein anhaltendes Echo zu werden.

Ende Oktober kamen die Schneestürme. Der Weg wurde für Lastentiere unpassierbar, auf den letzten Höhenmetern musste alles durch Träger nachgebracht werden. Mit sinkendem Thermometer stiegen die Erfrierungen. Schnee war Jacob als einem Herbstgesellen nie eine besondere Freude gewesen, in diesem Krieg lernte er ihn besser kennen, als ihm lieb war. Stundenlang im Schnee liegen, ohne den Kopf heben zu dürfen, darauf lauern, dass die Männer gegenüber ihre Deckung aufgaben, dass sie die Kälte zuerst zerrüttete, ihre Kraft aushöhlte. Dass ihnen die kursierende Augenentzündung nicht erspart blieb, dass Fieber, abgestorbene Zehen und Finger ihrer Moral zusetzten. Jacob wünschte, einer nach dem anderen würde hinter Steinen und Bäumen hervorkriechen, sich ergeben und ihr Hiersein hinfällig machen. Doch dann würden sie nur an einem anderen Ort stationiert werden, um andere Linien in der Landschaft zu verschieben.

Es kam ihm wie eine Erlösung vor, als der Kommandant befahl, dass Jacob, zusammen mit einem Adjutanten, für einige Tage ins Tal zurück sollte. Die Funkverbindung war unterbrochen und es gab Schwierigkeiten mit dem Schriftverkehr. Der Liliensteiner machte ein Gesicht, als rechne er damit, dass sie einander nie wiedersehen würden.

„Ich bring dir etwas mit“, versprach Jacob.

„Ein Mädchen“, antwortete Liliensteiner, und sie lachten.

Der Abstieg begann früh. Da sie sich ohne Licht vorwärts bewegten, sanken sie schon nach wenigen Minuten in ein Schneefeld ein, aus dem sie sich nur mit Mühe wieder befreien konnten. Sie hatten eine Karte, auf der die rumänischen Stellungen eingezeichnet waren, nicht aber ihre eigenen, falls sie in Gefangenschaft geraten sollten. Sie schlugen sich auf Nebenwegen durch, verirrten sich und kamen an eine unpassierbare Schlucht, die hunderte von Metern in die Tiefe ging. Eine Strecke führte durch das Sichtfeld der Rumänen. Diese bemerkten sie, zielten aber schlecht. Irgendwann stießen sie auf ein Haus. Kugeleinschläge durchlöcherten die Mauern, Zäune waren umgestoßen, Fenster und Türen zertrümmert, im Straßengraben verweste ein Pferd. Sie begegneten einem Verwundeten-Transport und weiter unten Esel-Kolonnen, Verpflegung für die Truppen in den Kampflinien. Mehrmals musste der Adjutant ein Papier vorzeigen, das sie vom Verdacht des Desertierens freisprach. Der Adjutant tat dies mit einer Sicherheit, um die Jacob ihn beneidete. Er fühlte sich jedes Mal ertappt, schuldig, als hätte er sich heimlich davongestohlen.

Im Tal lag ebenfalls Schnee, festgetreten auf den Straßen, pulvrig auf den Häusern. Im Innern verheißungsvolle Behaglichkeit. Kaum etwas deutete darauf hin, dass das Dorf Talmesch von den Rumänen als Basis für ihre militärischen Unternehmungen gegen den Hermannstädter Raum besetzt worden war.

Der Adjutant wurde beim Leutnant untergebracht, Jacob bei einer sächsischen Bauernfamilie. Der erste Tag verging, ohne dass er eine Nachricht erhielt. Das versetzte ihn zunächst in Unruhe, doch dann fand er die Muße, sich seines Glücks bewusst zu werden. Ihm sackten die Knie ein, als er sich an den Esstisch setzte, die Suppenterrine sah, das Brot, die Butter, die bestickte Tischdecke, das Feuer im Kamin. Die jüngste der drei Töchter, Luise, sprach ein Tischgebet. Alle hielten den Blick gesenkt, nur ihre beiden Schwestern, Anna und Lilli, starrten ihn an. Neugierig, jedoch ohne Freundlichkeit.

Sein Zimmer ging zum Innenhof. An einer Seite schloss unmittelbar der Nachbarhof an, zur anderen begann hinter einer Mauer das offene Feld. Jacob saß auf der Bettkante, in voller Montur, nur die Stiefel hatte er ausgezogen, als könnte er damit eine Unstimmigkeit beseitigen. Er hörte Stimmen, Türenklappern, das Kratzen einer Schneeschippe, Hundebellen – eine gewöhnliche Geräuschkulisse. Und doch, er hatte zu lange im Wald gehaust, war fast tausend Kilometer zu weit östlich, als dass er sich hier auf Anhieb heimisch fühlen konnte. Die Architektur der Häuser war ihm nicht geläufig, die aneinandergereihten Hoftore, die abwehrenden Mauern, die Melodie der Sprache, ein schleppender, fremder Dialekt.

Die Frau des Bauern, Alma, betrat sein Zimmer. Er erhob sich, als er sah, dass sie wieder gehen wollte, entschuldigte sich, ohne zu wissen wofür. Sie trat an sein Bett, legte Handtücher über den Bettpfosten, schüttelte das Kissen auf und strich mit routinierten Bewegungen die Decke glatt. Er wollte ihr das Zurechtmachen seines Bettes untersagen. Etwas hielt ihn zurück. Eine Entschlossenheit, die er zu bemerken glaubte, und die über diese Situation hinausging. Sie wandte sich um, streifte ihn mit ihrem Blick und war wieder zur Tür hinaus, noch bevor er ein „Danke" hervorbringen konnte.

Das kannst du nicht gedacht haben, schalt er sich. Du bist zu lange im Schnee gelegen, du hast zu viele Männer begraben. Nur aufgrund der Bewegung ihrer Hände, der hellen Haut ihres Nackens und einiger Haarsträhnen, die sich aus dem Zopf gelöst hatten. Und hast sie doch vor dir gesehen, wie sie sich umdreht, ihr Kleid abstreift, auf dich zukommt, so nah, dass du über Haare, Rücken bis zu ihrem Hintern streichen kannst, das Gefühl von Wärme und Fülle in den Händen. Jacob spürte ein ziehendes Verlangen im Unterleib, setzte sich aufs Bett, presste sich eines der Handtücher vors Gesicht, atmete den Duft frischer Wäsche ein und öffnete mit widerstreitenden Gefühlen seine Hose.

Die nächsten Tage (rettende Tage, die ihn davor bewahrten, im Schnee den Verstand zu verlieren) verbrachte Jacob im Haus des Leutnants, Briefe schreibend, Dokumente übersetzend. Ende der Woche wurde er Zeuge eines Gesprächs. Ein Offiziersbursche kam ins Zimmer, begann noch in der Tür zu sprechen und hielt inne, als er Jacob bemerkte. Erst als der Leutnant ein Zeichen gab, berichtete er, dass ein Hauptmann, dessen Name bekannt war, sich am gestrigen Abend mit einer *Cuconiţă* Zutritt zum Hermannstädter Quartier des Leutnants verschafft hatte.

„In meinem Haus?“

Der Bursche bejahte.

„Die ganze Nacht?"

„Jawohl, Herr Leutnant, die ganze Nacht."

Jacob wartete, wie sich die Spannung, die sich während dieser knappen Aussprache aufgebaut hatte, lösen würde. Und tatsächlich begann sich der Leutnant (nach Jacobs Typenlehre ein Scheinheiliger mit Anwandlungen eines Selbstverkünders), mit einer raschen Abfolge von Flüchen zu erleichtern, warf den Überbringer der Nachricht und gleich darauf Jacob hinaus.

Dieser Zwischenfall, der für Jacob nichts weiter war als eine unterhaltsame Anekdote, die er dem Liliensteiner erzählen konnte, hatte zur Folge, dass ein Tag verging, ohne dass nach ihm verlangt wurde. Jacob begann daran zu zweifeln, ob er das alles wirklich erlebte. Vielleicht lag er bereits unter einer Schneedecke oben in den Bergen und dies war nur sein Bewusstsein, das nicht aufhören wollte, zu existieren, eine Art luzider Traum.

Er hielt sich in seinem Zimmer auf, las oder starrte aus dem Fenster, und kam zu den Mahlzeiten in die Essstube, wo er langsam die Courage fand, die Gesichter zu studieren. Das verschlossene Gesicht des Bauern, der ihn in seinem Haus duldete, weil er keine Wahl hatte, das Gesicht Almas, das jene Offenheit trug, die er so sehr mochte. Die drei Töchter sahen einander kaum ähnlich, jede hatte eine andere Haarfarbe, Luise war brünett, Lilli blond, und Anna, die Älteste, hatte schwarze Haare. Allein Luise richtete das Wort an ihn. Lilli und Anna kicherten nur, wenn er die beiden ansprach, manchmal nicht einmal das.

Alma kam mehrmals am Tag zu ihm ins Zimmer, brachte ihm seine Wäsche, Zeitungen oder Äpfel. Jacob starrte sie an, und jedes Mal, wenn sie wieder fort war, wiederholte sich das Ritual auf der Bettkante. Er bemerkte, dass ihre Augen grau waren, in der linken Iris ein heller Fleck. Er versuchte, sie zum Lachen zu bringen, was ihm immer öfter gelang, und irgendwann suchte er wie zufällig die Berührung ihrer Hände. Sie zuckte zurück und wandte sich ab, doch sie kam wieder, und er fing an, zu bedauern, wenn er diese Begegnungen verpasste, da er im Haus des Leutnants über Briefen saß und erst wieder nach Hause kam, wenn kein Licht brannte.

An einem Abend, als er versuchte, lautlos in sein Zimmer zu schlüpfen, was ihm nicht gelang, weil er Möbelstücke und knarrende Dielen nicht voraussah, erschrak er bei dem Anblick einer kleinen Gestalt, die im weißen Nachthemd im Flur stand.

„Luise?"

Die weiße Gestalt rührte sich nicht.

„Kannst du nicht schlafen?", fragte Jacob flüsternd.

„Im Schlafzimmer ist eine Spinne."

Er erinnerte sich, was Anna über ihre jüngste Schwester gesagt hatte, als er sie fragte, was sie besonders mochten. Lilli spielte Gitarre, Anna konnte gut kochen. Und Luise? Luise kennt sich mit der Angst aus, hatte Anna gesagt.

„Die Spinne kann dir nichts tun, sie ist so klein im Vergleich zu dir. Wahrscheinlich hat sie eher Angst vor dir."

„Angst vor mir?"

„Ja. Soll ich sie trotzdem aussetzen?"

Das Mädchen nickte, bewegte sich jedoch nicht von der Stelle.

Jacob stieß vorsichtig die Tür auf, hinter der die Schwestern schliefen. Luise wies mit ausgestreckter Hand und abgewandtem Gesicht ans Fenster, wo er ein, wie er zugeben musste, recht ansehnliches Exemplar einer Spinne entdeckte. Er nahm ein Glas von Luises Nachttisch, öffnete das Fenster, dachte an Henri, überwand sich und setzte die Spinne aus.

Jacob kannte diese Sätze. Sätze, die eingrenzten, festschrieben, klein machten. Sie hatten oft seinem Bruder gegolten. Da es Henri gab, Zielscheibe des Wunderns, des Spotts, des Unverständnisses, hatte er selbst nicht viel abbekommen. Seine eigenen Verfehlungen, seine eigene Untauglichkeit hatten die Eltern nicht wahrgenommen. Als wäre Henri ein Schutzschild, der Punkt, wo der Blitz einschlug, die Weide auf offenem Feld. Neben seinem

Bruder war niemandem aufgefallen, wie wenig Talent Jacob zum Leben hatte. Dass er willkürlich und ohne Ehrgeiz durch jene Türen ging, die für ihn aufgehalten wurden oder rein zufällig offen waren. Die Matura, weil es seine Eltern erwarteten, Studien der Philologie, einige Semester halbherzig betrieben, weil ihm nichts anderes einfiel. Und jetzt war er hier in einem Dorf am Fuße der Karpaten, wo er nichts besseres wusste, als eine verheiratete Frau zu begehren.

Von nun an suchte Luise seine Nähe. Sie ging in die erste Klasse und bat ihn, ihr Geschichten vorzulesen, als sie erfuhr, dass er gerne las. Ihre Schwestern Anna und Lilli verließen demonstrativ das Zimmer. Alma hingegen setzte sich, wann immer es ging, mit einer Handarbeit zu ihnen und hörte zu, wie Jacob vorlas, die Geschichten mit eigenen Einfällen ergänzte, oder sich für die Figuren neue Abenteuer ausdachte, wenn das Buch längst ausgelesen war. Luise hatte ein glucksendes Lachen, das sich so lange erneuerte und ihren kleinen Körper schüttelte, bis er fürchtete, dass sie keine Luft bekam. Almas Lachen war warm und glich einem Einlenken.

Er begann ihnen Geschichten über Henri zu erzählen. Henri, der ihrer Mutter zum Geburtstag eine Blindschleiche mitbrachte und nicht verstand, warum die Mutter schreiend das Weite suchte, statt sich an den schillernden Tönen der

Schlangenhaut zu erfreuen, die er als weitaus schöner als die Farben eines Blumenstraußes empfand. Oder wie Henri einen Besuch bei Verwandten beendete, indem er schlammdurchtränkt im Wohnzimmer auftauchte, weil er eine gefleckte Heidelibelle verfolgt hatte und in einen See gefallen war. Jacob sparte stets die Bestrafungen aus, die sein Bruder ertragen musste, weil er Ungeziefer für seine Studien ins Haus brachte, Schmutzspuren hinterließ, nicht auffindbar war, Gäste störte, Nachbarn oder Lehrer erzürnte, Schulhefte oder gleich den ganzen Ranzen verlor, sich nicht ordentlich anzog, kämmte und dergleichen mehr.

Jacob hielt Luise an, sich den Spinnen im Haus zu nähern, und brachte sie schließlich dazu, dass sie diese mit einem Wasserglas und einer Postkarte einfing (so, dass keines der Spinnenbeine fehlte) und im Schuppen, wo sie es wärmer hatten als im Garten, aussetzte. Er saß mit ihr in der Küche, wo noch ein wenig Ofenglut in den Raum ausstrahlte, und leistete ihr Gesellschaft, wenn sie nicht schlafen konnte. Luise kannte die Geheimnisse ihrer Familie. Sie sorgte sich um ihren Vater, weil er im Winter trank und grob werden konnte, wenn etwas nicht nach seinen Vorstellungen lief. Sie erzählte, dass Anna sich eine Freundin wünschte und Lilli manchmal den Gitarrenunterricht schwänzte. Nur über ihre Mutter sprach sie nicht, obwohl sich Jacob nichts sehnlicher wünschte. Er hörte zu, bis sie alles gesagt hatte, was ihr zu dieser Stunde durch den Kopf ging, und bewunderte ihren Gerechtigkeitssinn und ihre genaue Beobachtungsgabe. Vielleicht hatte sie deswegen mehr Angst als die anderen, weil die Dinge größer wurden, je länger man sie ansah. Auch Luise hatte ihre Geheimnisse. Sie mochte es, Essen in ihrer Serviette zu sammeln oder aus der Küche zu stehlen und unter den Nachbarskatzen zu verteilen. Sie liebte Ordnung, und nichts machte ihr mehr Freude, als zu wissen, was alle taten.

Später konnte Jacob nicht begreifen, was ihn dazu geführt hatte, von Henri zu erzählen, ihn für Luise lebendig werden zu lassen – und so die Distanz zu verlieren, die er gebraucht hätte, um mit der Nachricht umzugehen, die ihn in seinem Exil erreichte.

Ein Brief seiner Mutter traf ein. Der Leutnant, der ihn zuvor gelesen hatte, übergab ihm die Post mit unbewegtem Gesichtsausdruck. Jacob konnte diesen Brief nicht deuten und öffnete ihn sofort. Wenige Zeilen, abfallend, mit kleinen, nachlässig ausgeführten Buchstaben, als wären sie in Eile zu Papier gebracht worden, einer Hast, die nicht von Zeitmangel herrührte.

Hör auf, die Schrift zu studieren, sagte er sich, versuche zu begreifen, wovon die Zeilen handeln. Er las den Brief mehrere Male, bis er den Inhalt verstehen konnte, und nicht einmal dann war er überzeugt, dass er ihm Glauben schenken konnte. Henri war mit dem Rad zu einer nahegelegenen Schlucht gefahren, einem Steinbruch, der nicht mehr genutzt wurde, hatte sich durch ein Loch im Zaun gezwängt, die Schuhe ausgezogen und war gesprungen. Er hatte sich die Schuhe ausgezogen, wiederholte die Mutter. In dieser Wiederholung, in diesem einen Satz, hatte sie sich eine Gefühlsregung erlaubt.

Jacob bat, abtreten zu dürfen, und ging so lange übers Feld, bis der Leib taub wurde. Zuerst nahm er noch das Glitzern der Schneedecke wahr, Zäune und Heuschober, die Karpaten, die wässrig blau dalagen, nichts von den Kämpfen in ihren Tiefen verrieten, nicht von Henris Tod erschüttert waren. Er rauchte und lief durch den Schnee, bis er nur noch weiß und blau vor sich sah, ein kaltes, ruhiges Meer. Erst, als er unkontrolliert zu zittern anfing, ging er zurück ins Dorf. Er ließ Luise im Flur stehen, die auf ihn zugelaufen kam, und legte sich angezogen aufs Bett. Er fragte sich, wie es seinem Vater ging, der sich seinen Söhnen nur an Sonntagen gewidmet hatte, mit einer Distanz, als würden sie ihm auf eine merkwürdig feststehende Weise nicht gerecht werden können. Wann hatte

Jacob seinem Bruder das letzte Mal geschrieben? Als ihm die armseligen Zeilen einfielen, mit denen er von seiner Stationierung in den Karpaten berichtet hatte, begann er zu weinen. Er rief den Namen seines Bruders, bis Alma an seinem Bett stand, ihn aufforderte, die nasse Kleidung auszuziehen, ihn zudeckte und nach einer Weile mit gesüßtem Holunderblütentee wiederkam.

Sie hatten die Dosis der Medikamente zu hoch angesetzt, was zu Depressionen führte, die unbemerkt blieben, weil Henri immer schon geschwiegen hatte, einen abweisenden Blick hatte, immer schon alleine durch die Wälder strich, für sich war und die Zugänge zur Welt in seinem eigenen, seltenen Rhythmus suchte. Er hatte die Schuhe ausgezogen, hatte die Mutter wiederholt, und auch Jacobs Gedanken kamen immer wieder zu dieser Tatsache zurück, einer Handlung, durch die Henri sich ein letztes Mal mitteilte. Achtsam, wie jemand, der fürchtet, eine schmutzige Fußspur im Haus zu hinterlassen. Umsichtig, weil es das Wertvollste war, das er am Leib trug. Und zuletzt vielleicht auch, weil Henri sich den Falken dadurch näher fühlen konnte, einen einzigen Flug mit ihnen teilte, seine Arme ausgebreitet, so stellte Jacob es sich vor.

Er hatte Albträume, in denen er immer nur eines vor sich sah, einen großen, schweren Ball neben einem kleinen, leichten. Die Größe und Schwere des übermächtigen Balls quälte ihn. Es war ein körperliches Unbehagen, das ihm in jede Zelle kroch, als sickere dieses Schwere in ihn ein, bis er sich nicht mehr rühren, weder den Arm noch einen Finger heben konnte und sein Kopf auf dem Kissen ihm überdimensional groß vorkam. Die ganze Wahrnehmung verlagerte sich an die Außengrenzen seines Körpers, er spürte jeden Zentimeter seiner Haut, die sich ausdehnte, bis ihm die Luft zum Atmen wegblieb.

Luise kam an sein Bett und versuchte, ihm vorzulesen. Merkwürdig vertauschte Rollen. Mit brüchiger, unbetonter Kinderstimme, die das Entschlüsseln von Buchstaben gerade erst lernte, der Stimme noch keine Melodie geben konnte, keine Pausen setzte, um die Spannung zu steigern, oder schneller sprach, weil die Dramaturgie der Geschichte es verlangte. Er mochte gerade dieses monotone Lesen, in dem sich die Wörter kaum zu einem Sinn zusammenfügten, in dem die Buchstaben sich aus den Reihen lösten, einzeln rundeten, aufstiegen und sich oben an der Zimmerdecke sammelten.

Es gab Augenblicke, in denen Jacob den Tod seines Bruders vergaß. Wenn es ihm wieder einfiel, traf ihn die Nachricht mit derselben Wucht wie beim ersten Mal. Jacob konnte seinem Kummer nicht ewig nachgeben. Sein Fortbleiben wurde zwei Tage geduldet, danach drückte der Leutnant nochmals sein Beileid aus, gerade so herzlich, wie für den Angehörigen eines Selbstmörders angemessen war, und sagte, dass es für ihn und den Adjutanten bald wieder zurück ins Gebirge gehen werde.

Der Hausherr gab sich keine Mühe, seine Freude zu verbergen, als Jacob seine Abreise ankündigte. Anna und Lilli zeigten sich betont gleichgültig, Luise fing an zu weinen, und in Almas Blick schlich etwas Gehetztes, das Jacob nicht deuten konnte.

Am letzten Abend überreichte Alma ihm ein Bündel mit Lebensmitteln: geräucherter Speck, Zwiebeln, Brot und Treberschnaps. Lilli und Anna machten einen Knicks, als wären sie bei Hofe. Luise sagte, dass sie ihn vermissen werde und künftig, ebenso wie Henri, Spinnen aussetzen, Käfer nicht zertreten und Fliegen mit dem Handtuch hinausjagen werde. Jacob nahm sie in die Arme. Er war noch nicht so weit, den Namen seines Bruders hören zu können, doch er zeigte es nicht.

Er ging lange in seinem Zimmer auf und ab, es war ihm gleichgültig, ob man seine Schritte hören konnte. Morgen würde er wieder auf Tannenzweigen liegen – wenn er Glück hatte. Oder er würde gleich die erste Nachtwache zugeteilt bekommen, als Ausgleich dafür, dass er einige privilegierte Tage ein Dach über dem Kopf gehabt hatte. Er würde wieder im Schnee liegen, die Kälte würde ihm in die Knochen kriechen, und er konnte sich in diesem Moment kaum vorstellen, woher er die Kraft nehmen würde, die Deckung nicht aufzugeben und auf einen Scharfschützen zu hoffen, der gut zielen konnte.

Irgendwann legte er sich hin. Ein Streifen Mondlicht fiel wie eine Treppe aufs Bett. Sie war so rasch und lautlos im Zimmer, dass er sie erst bemerkte, als sie neben ihm stand. Ohne seine Reaktion abzuwarten, streifte Alma ihren Morgenmantel ab, löste ihre Haare und legte sich zu ihm. Sie schmiegte sich an ihn, ruhig, bedachtsam, ohne auf ein Ziel zuzusteuern. Dann führte sie seine Hand auf ihren Bauch. Er spürte die Wärme ihrer Haut, das Heben und Senken ihres Atems, bis es ihm vorkam, als habe sich seine Hand von ihm gelöst, als sei er nichts anderes als diese Hand. Endlich hob sich seine Taubheit auf. Mit einer Drehung tauschte er die Positionen, bettete Almas Kopf auf das Kissen, ihren Körper auf die Decke, sah, dass ihre Gesichtszüge weich wurden, ihre Haare bis zur Hüfte reichten, wo ein Leberfleck, einem Vogel gleich, über dem Nabel schwebte. Jetzt war er es, der ihre Hände in seine nahm, sie mit Küssen bedeckte, ihren Mund suchte, die Feuchtigkeit ihres Geschlechts.

Die Wärme ihres Körpers, der Geruch ihrer Haare, der Trost ihrer Hingabe – all dies konnte er mit einem einzigen Gedanken zurückholen, als er wieder in den Bergen war. Er teilte Essen und Schnaps mit dem Liliensteiner, erzählte ihm von seinen Aufgaben im Haus des Leutnants. Von Henri und Alma, den beiden weit auseinanderliegenden und doch zusammengehörenden Punkten, die seine Gedanken ausmachten, sprach er nicht. Sein Freund behandelte ihn rücksichtsvoll, als hätte er alles erfahren. Bei ihm wusste man nie. Seine Klugheit konnte Einfalt sein oder umgekehrt.

Die Rumänen hatten eine Grenzstellung besetzt, nun hieß es, sie zurückzuerobern. Alle waren in Alarmbereitschaft, niemand durfte die Stiefel ausziehen. Neue Stellungen waren gebaut worden, ein Irrgarten, in dem sich Jacob wieder zurechtfinden musste. Aus verbündeten Truppen war Verstärkung gekommen. Der Blick verlor sich in dem schmerzenden Weiß. Unerträglich, wieder nur *eine* Farbe zu sehen.

Eine rasche Aktion am Morgen und das Gelände war wieder in ihrer Hand. Nur wenige Gefallene, kaum Verletzte, man sprach von einer guten Bilanz. Es wurde mild, der Schnee fing an zu schmelzen und wusch die Toten hervor. Jacob konnte nicht trinken, da sie nichts anderes hatten als den schmelzenden Schnee, das Totenwasser in den

Rinnsalen und Bächen. Erst als er auf einem seiner Gänge eine Quelle entdeckte, wurde er erlöst. Er fiel auf die Knie und trank wie ein Hund, konnte nicht aufhören zu trinken, trank so lange, bis sich sein Magen umdrehte und er alles wieder erbrach.

Er lag neben der Quelle, versuchte seinen Atem zu beruhigen und bemerkte mit einem Mal die Stille, die alles umfangen hielt. Kein Soldat war in der Nähe, kein Kanonenfeuer hallte an den Bergen wider. Kein Vogel in den Lüften, kein sachtes Auftreten eines Tiers auf dem Waldboden. Nichts war zu hören. Nichts zog seine Aufmerksamkeit auf sich, lenkte ihn ab von der Erinnerung an sie. Er trank von neuem, langsam, indem er mit der Hand Wasser schöpfte. Lautlos fiel der Schuss, ein exakter Kopfschuss, der Jacob auf der Stelle tötete.

Als ob die Frau ihr sagen wollte: Es gibt etwas jenseits dieses Dorfes, du wirst es kennenlernen, denn diese Welt wird vergehen, die dir jetzt die Mitte deines Lebens ist.

Elemérs Garten

Elemér litt an Schlaflosigkeit.

Zunächst hatte er sich nächtelang, wochenlang im Bett gewälzt, bei Kerzenschein gelesen, war seinen Gedanken nachgehangen. Doch nach ein paar Monaten waren die Bücher ausgelesen, die Gedanken ausgedacht. Was tun, in einem großen Haus, ohne Beschäftigung, ohne das Fahrwasser des Tagwerks, ohne jemanden, den man sachte wecken konnte, in der Hoffnung auf ein vertrauliches Gespräch?

Eines Nachts im Frühling wusste er, dass er sich fügen musste. Er schlug ergeben und zugleich entschlossen die Decke zur Seite und kleidete sich an. Der Mond erhellte Hof, Schuppen, die Bank am Nussbaum, Ziehbrunnen und Weinpresse. Erwartet hatte er einen verlassenen Innenhof, einen trostlosen Anblick, der seinem zerfahrenen, entnervten Zustand entsprach. Auf dem Ziehbrunnen schlich eine Katze im Kreis, die Pflaumenbäume raschelten, die Schafgarbenköpfe neigten sich zueinander, als würden sie sein Auftauchen kommentieren. Haus, Sommerküche, Schuppen, Weinreben, Blumen und Gemüse, alles war voller Leben – aber nicht für ihn bestimmt. Die Katze sah ihn abwartend an, der Wind ließ die Bäume los, der strenge Blick der Dachluken streifte ihn.

Elemér fühlte sich von seinem eigenen Hof ertappt. Er schüttelte das Gefühl ab, dass er hier zu dieser Uhrzeit nichts zu suchen hatte, und ging zielstrebig zum Gemüsebeet – wie um zu zeigen, dass er sehr wohl mit gutem Grund draußen war.

Fortan stand er regelmäßig auf, um zu düngen, umzugraben, Blattläuse und Schnecken zu bekämpfen, die Weinreben mit Kalk und Blaustein zu spritzen. Sein Gemüsebeet fügte sich in den neuen Rhythmus, und wenn seine Nachbarn am Morgen ihrer Arbeit nachgingen, saß Elemér mit seinem Kaffee in der Sonne und rauchte. Er mochte das neue Versmaß seiner Nächte. Geschlafen wurde in Etappen, zwischen elf und zwei und zwischen vier und sieben. Allerdings gab es auch eine Kehrseite: Was sollte er tagsüber mit der geschenkten Zeit anfangen? Eine Änderung der Routine ging nie ganz auf, irgendwo sammelte sich die versetzte Zeit. Aber tauschen wollte er nicht. Nur nicht wieder auf den Schlaf warten, sich der leeren Hälfte des Bettes bewusst werden, und Gedanken ausgeliefert sein, die nachts die Angewohnheit hatten, ins Riesenhafte anzuwachsen.

Als Elemér bei Vollmond einen Stuhl reparierte, lockten die Geräusche seine Nachbarn an. Sie überzeugten sich, dass es sich nicht um einen Einbrecher handelte, Elemér schenkte unterm Nussbaum Schnaps aus, und es dauerte nicht lange, bis ein gegenseitiger Besuch Gewohnheit wurde. Ihre nächtlichen Treffen sprachen sich herum, weitere, zumeist alleinstehende Männer, schlossen sich der „Gesellschaft der Schlaflosen" an. Es wurde im Dorf üblich, mitten in der Nacht an Fensterscheiben und Hoftore zu klopfen. Jemand war immer wach und freute sich über Besuch. Die Unterhaltungen uferten selten aus, denn der Schlaf stellte sich nach einiger Zeit von selbst wieder ein, aber die Gespräche waren von besonderer Qualität.

„Es gibt Geschichten", sagte Elemér zu seiner Enkeltochter, „die können nur nachts erzählt werden".

Henriette wachte kurz vor zwei Uhr auf. Sie brauchte keinen Wecker. Es reichte, dass sie sich beim Einschlafen vornahm, zu einer bestimmten Zeit aufzuwachen.

Um ihre Schwestern nicht zu stören, hatte sie gelernt, sich lautlos aus dem Zimmer zu stehlen und im Flur anzuziehen. Besondere Vorsicht galt Haustür und Hoftor, die sich kaum geräuschlos öffnen ließen, und es war, als holte sie erst wieder tief Luft, als sie auf der Straße stand.

Niemand war zu sehen. Keine jener Gestalten, die sie sich auf den Straßen vorgestellt hatte, in Morgenmäntel gehüllte Männer, allein oder paarweise von Haus zu Haus gehend. Die Straße lag verlassen da, die Häuser hielten sich schlafend an den Händen, die Hoftore gähnten – oder lachten sie sie aus? Henriette bewegte sich wie durch silberhelle Flüssigkeit, durch Stille und Schatten, manche mit scharfen Kanten, einem Gegenstand zuweisbar, andere mit unbestimmter Geste lauernd.

Luise würde unter keinen Umständen zu dieser Stunde das Haus verlassen. Sie saß, wenn sie nicht schlafen konnte, in der Küche und starrte in die Ofenglut. Sie fürchtete die Dunkelheit, selbst in vertrauten Zimmern. Für sie war die Nacht etwas, das sie mit hundert schwarzen Augen ansah, nach ihr griff, jeden Moment bereit, sie hinterrücks zu überwältigen.

„Alles ist wie am Tag", hatte sie ihre Schwester zu beruhigen versucht. „Wir sehen es nur nicht."

„Woher willst du es wissen, wenn du es nicht sehen kannst? Es könnte *alles* anders sein. Der Tisch sieht aus wie eine Fallgrube, der Vorhang wie ein ungebetener Gast. Sogar der Krauthobel hat nachts Zähne."

Luise ließ sich nicht so leicht überzeugen. Trotz oder gerade wegen ihrer Ängstlichkeit, die sie zwar nicht mutig, aber zu einer genauen Beobachterin machte, war sie diejenige, bei der alle Schwestern Rat suchten. Luise tat, als würde sie diese besondere Stellung innerhalb der Familie nicht bemerken, zumindest zog sie keine Vorteile für sich daraus.

Henriette wagte es zunächst nicht, in den Hof einzutreten, hinter dessen Mauern eine Unterhaltung auszumachen war. Sie unterschied vier Männerstimmen. Die Stimme des Großvaters war im Alter so hoch geworden, dass sie an die einer Frau erinnerte, und nur durch sein exzessives Rauchen einen kratzigen, maskulinen Akzent behielt. Er hatte über die Jahre abgenommen, Hemden und Hosen schlotterten nur so an ihm, aber er verweigerte sich einer neuen Garderobe und trug die übergroßen Sachen, als wären sie ihm auf den Leib geschneidert. Auch die Gesten seiner vormaligen Leibesfülle hatte er nicht abgelegt, noch immer zog er die Hosenbeine hoch, wenn er sich setzte, um die Knie nicht auszubeulen, öffnete den Rock, damit die Knöpfe nicht am Bauch spannten, schnallte den Riemen nur widerwillig in eines der nachträglich hinzugefügten Löcher. Er lebte seit dem Tod seiner Frau mit vier Katzen, elf Hühnern und zwei Schweinen auf dem Hof und besaß einen Gemüsegarten, in dem, seit er ihn nachts bewirtschaftete, der zarteste Salat, die saftigsten Tomaten und schmackhaftesten Bohnen wuchsen. Nur die Gurken wollten nicht gelingen. Sie waren außerordentlich krumm.

„Aber das Krumme schmeckt man nicht“, sagte er, wenn man ihn darauf ansprach.

Henriette half gern in Elemérs Garten; pflückte Weintrauben, band sie an Fäden und befestigte sie in der Kammer zum Trocknen, streute zerstoßene Eierschalen um den Salat, damit die Schnecken nicht an ihn herankamen, rupfte Unkraut – wobei ihre und Elemérs Meinungen, was unter Unkraut zu verstehen war, voneinander abwichen, da es, wie bekannt, keine allgemein gültige Definition von Unkraut gab. Henriette mochte es, wenn sich die Erde halbmondförmig unter den Fingernägeln sammelte, und wenn sie einen Regenwurm aufstöberte, das kühle, lebendige Ringeln in ihrer Handfläche.

Elemér war überrascht und im ersten Moment auch zornig, als er Henriette sah. Die drei Männer, die bei ihm waren, verstummten. Er wollte sie sofort wieder nach Hause schicken, andererseits: ihre Entschlossenheit imponierte ihm. Henriette war seine jüngste und mutigste Enkeltochter. Luise war ihm zugetan, doch über die Maßen ängstlich. Zu Lilli hatte er keine rechte Beziehung, er hielt sie für leichtfertig und schamlos, und er hoffte, dass sich dies, da sie verheiratet war, bessern würde. Anna, die älteste, ähnelte ihrem verstorbenen Vater, sie war einsilbig, hart zu sich selbst und gegenüber anderen. Nur Henriette hatte dieses offene Wesen, interessierte sich für alles und legte ihm gegenüber eine unerklärliche Anhänglichkeit an den Tag.

Elemér ging ohne ein Wort in den Schuppen und platzierte einen Stuhl neben der Bank, so dass auch sie auf die Dächer der gegenüberliegenden

Straßenseite sehen konnte. Henriette, die während seines kurzen Verschwindens eine unerwartete Verlegenheit überkommen hatte, rupfte Dill ab und zerrieb ihn zwischen den Fingern. Sie bemerkte, wie einer der Männer sie ungeniert anstarrte. Henriette kannte diesen Blick. Der Mann war nicht der einzige, der sie damit bedachte.

Die Runde nahm das Gespräch wieder auf. Ihre Unterhaltung klang konspirativ, als habe sie eine Verschwörung zusammengebracht. Dabei ging es um Alltägliches: Der Besenhändler, der ausgeblieben war, die Beschaffenheit der Büffelmilch, die Wichtigkeit von Essen (sie waren sich einig, dass nichts so milde stimme wie eine Mahlzeit, weswegen vor einem geschäftlichen Termin unbedingt gemeinsam zu essen sei), die Zubereitung von Tomaten. Die Männer tauschten sich darüber aus, wie man Tomaten schälte, dass man sie für eine Sauce niemals schneiden, sondern zerdrücken müsse, und unter keinen Umständen im Topf umrühre, die Tomaten wüssten schließlich selbst, was sie machen sollten.

Besonders Theo, einer von Elemérs Nachbarn, verteidigte sein Rezept, als ginge es um seine Ehre. Er hatte, bis sein Gedächtnis anfing, ihn im Stich zu lassen, als Kellner gearbeitet und litt, wie die meisten Schlaflosen, an der verordneten Tatenlosigkeit des Alters. Im Laufe seines Berufslebens hatte er es zu einem gewissen Ansehen gebracht;

er wusste besser als seine Gäste, was sie essen sollten, wusste es bereits, als sie noch in der Karte blätterten, ließ es sich nicht nehmen, beherzt in ihre Bestellungen einzugreifen, sich manchmal sogar zu weigern, ihre Wünsche aufzunehmen. Jetzt waren die Gelegenheiten, beherzt in etwas einzugreifen, leider spärlich geworden.

Dann ging das Gespräch zu einem verstorbenen Freund über, Konrad, der sich auf den Monat genau vor zehn Jahren in seinem Dachstuhl erhängt hatte. Erinnerungen an gemeinsame Erlebnisse wurden ausgetauscht, Mutmaßungen aufgewärmt. Es müsse Anzeichen für diese Tat gegeben haben, nachlässige Kleidung, die seltener werdende Rasur, ein unerwiderter Gruß. Man habe, wenn man darüber nachdenke, ein Vorgefühl dieser Tragödie gehabt. Konrad sei schon zu Schulzeiten durch seine Schweigsamkeit aufgefallen. Wie abweisend sein Blick auf dem Jahrgangsfoto sei. Und war nicht jemand, der sich umbrachte, eigentlich ein Selbstmörder auf Lebenszeit?

Konrad habe viel Geld verloren, als die Währungsreform kam. Aber es war ihnen ja alles in allem nicht so schlecht ergangen wie den Reichsdeutschen, die plötzlich tausend, dann eine Million Mark für Brot hätten zahlen müssen, oder den Russen, die sich von einer Brotsorte ernährten, der pulverisierte Buchenrinde beigemischt war. Vielleicht habe er vorausgesehen, dass es mit der

Bukarester Regierung den Bach runter gehen würde, aber sie hatten sich ja alle, Ungarn wie Deutsche, in die Niederlage des Kriegs fügen müssen und dem Anschluss an das Königreich Rumänien zugestimmt.

Anfang des Jahres sei in Deutschland ein neuer Reichskanzler ernannt worden, warf einer der Männer ein. Ihre Aussichten würden vielleicht wieder besser werden. Dabei ballte er die Faust, als wollte er einen Begriff von der Tragweite dieses Ereignisses geben.

„Was scheren dich die Deutschen", sagte Elemér und zündete sich eine Zigarette an. „Die schmeißen uns doch mit der tiefsten Walachei in einen Topf und denken, dass wir uns noch mit Maisblättern den Hintern putzen."

Die Männer lachten, doch es war ein Lachen, das unbestimmter wurde, je länger es währte.

Dann ging es um das Wetter (jeden Sommer gab es jemanden, der einen strengen Winter voraussagte), und schließlich löste sich die Runde auf. Henriette und Elemér vereinbarten, dass Alma nichts von diesem Treffen erfahren müsse. Henriette deutete dies als Bestätigung, dass sie wiederkommen durfte – was Elemér jedoch entging oder was er bewusst ignorierte.

Henriette ließ sich nicht von den Geräuschen beunruhigen, dem Rascheln beim Öffnen des Heuschobers, dem Atmen des Holzes. Sie stieg die Leiter hinauf und saß vor der Dachluke, bis der grauschwarze Himmel einen Riss bekam, bis die aufgehende Sonne Wolken, Berge, Dächer erfasst hatte und alles die Farben des Morgens trug.

Der Bäcker trat in den Hinterhof und rauchte, der Hahn weckte die Hennen, irgendwo hob ein Hämmern an, und sie dachte, dass jeder Tag unberührt war, unbeschrieben, losgelöst von dem vorherigen, und doch gab es eine stille Übereinkunft, er sei die Fortführung des vorangegangenen Tages, und alle taten, als könnten sie dort weitermachen, wo sie aufgehört hatten.

„Die Sonne geht auf", hatte ihre älteste Schwester gesagt, „fürchtest du, dass sie es eines Tages versäumen wird, wenn du ihr dabei nicht auf die Finger siehst?"

Henriette ließ sich nicht beirren. Sie fand immer wieder neue Dinge, die sie festhalten konnte: Sie hatte die Holzplanken des Kirchenbodens gezählt, die Berge aufgezeichnet, die man von der Burgruine der Landeskrone aus sehen konnte. Sie hatte begonnen, die Kinder des Dorfs nach den Straßen zu sortieren, in denen sie wohnten, und wusste jährlich über den Bestand der Störche Bescheid. Das Geheimnisvolle waren die Unregelmäßigkeiten und Lücken. Warum die Zahl der Störche schwankte und sie mehrere Anläufe brauchte, um bei den Holzplanken in der Kirche zwei Mal auf dasselbe Ergebnis zu kommen. Warum einige Dorfbewohner sie mieden.

Manche sagten, Henriette habe einen Forschergeist, sie sei wissenschaftlich begabt. Ihre Mutter Alma wollte das auch glauben, es wäre eine Erklärung, die all ihren seltsamen Vorlieben etwas Zielgerichtetes, Zukunftsweisendes gab. Doch der Gedanke an die Zukunft war, ebenso wie die Schule, für Henriette nichts als ein störender Eingriff in ihr Leben. Es ging ihr weniger darum, etwas zu beweisen, als um die Teilhabe an einem Moment. Aus Büchern ließ sich viel erfahren. Und manch einer, den sie kannte, hatte etwas erlebt und konnte gut erzählen. Aber es war nichts, und würde auch später nichts gelten, im Vergleich zu dem, was sie selbst erlebte.

Henriette setzte hinter die Uhrzeit in ihrem Notizbuch ein Häkchen und legte sich ins Heu. Die Sonne stand noch nicht so hoch, dass sie das Innere mit ihren Lichtfingern absuchte, der Staub tanzte noch nicht darin. Dennoch hatte die Scheune etwas Durchlässiges, etwas, das sich mit jedem Atemzug weitete.

Weil Luise es nicht ertrug, dass es im Dorf üblich war, einen unerwünscht großen Wurf im Fluss zu ertränken, lebten auf ihrem Hof eine ständig wechselnde Anzahl Katzen. Zwei davon lagen zusammengerollt an Henriettes Beinen, als sie aufwachte. Eine grau-gefleckte, namenlose, die noch nicht lange da war, und Goethe, unumstritten der Herr im Haus. Henriette ging ins Schlafzimmer und zog sich um, eine Spur aus Heu hinterlassend. Im Winter beging der Schnee, im Sommer das Heu Verrat an den geheimen Wegen.

Am frühen Nachmittag fuhr Henriette mit Alma nach Hermannstadt. Ihre Schwester Lilli hatte letztes Jahr, gegen den Rat ihrer Mutter, einen Mann geheiratet, der eines Tages ans Hoftor geklopft hatte.

Es hatte sich herumgesprochen, dass es auf dem Hof vier junge unverheiratete Frauen gab – jede in einem anderen Alter und mit einer anderen Haarfarbe –, und Alma hatte überlegt, ein Schild am Hoftor anzubringen, das heiratswilligen Männern den Zutritt verbot: Den Grünschnäbeln, Witwern, eingebildeten Märchenprinzen, den *Trombonisten*, die das Blaue vom Himmel herunter schwindelten und allesamt schlecht verbargen, dass sie stierten. Es fehlte nur noch, dass sie, wie auf dem Viehmarkt, das Gebiss der Mädchen begutachten wollten. Auch wenn sie sich manierlich verhielten, es gab kein anderes Zeugnis für sie als diese Stunde, in der alles gespielt, alles aufgesetzt sein konnte.

„Lasst euch nicht vom Charakter täuschen“, riet Alma ihren Töchtern. Charakter galt als etwas, das jeden Menschen, besonders aber Männer auszeichnete. Doch ein Mann kann sich, wenn er etwas erreichen will, den Anschein von Wunderwas geben. Wenn er meint, es sei Zeit zu heiraten, dann nimmt er jede, die hübsche Augen hat, und es wird nicht lange dauern, bis er enttäuscht ist, weil er merkt, dass sein Wunschbild (mit dessen Ausschmückung er mitunter Jahre beschäftigt war) nicht mit der Wirklichkeit übereinstimmt. Den Richtigen trifft man, sagte Alma, weil das Leben einen zusammenbringt, weil sich irgendwo ein Zufall ergibt, eine unvorhergesehene Konstellation.

„Einen wie Vater“, hatte Lilli zu Anna gesagt. „Und dann trinkt er und redet mit dir kein Wort.“

Henriette hatte den Eindruck, dass ihre Mutter über jemand anderen sprach als über den Mann, den sie als ihren Vater gekannt hatte. Ich war einmal schön, schien Almas Blick zu sagen, mir ist Nähe begegnet, ohne die es euch nicht geben würde und von der ihr doch nichts wisst.

Inzwischen hatte sich Alma an ihren Schwiegersohn gewöhnt, ihm über die Zeit sogar einige Vorzüge zugesprochen. Simon war zwar handwerklich unbegabt und interessierte sich nicht für die Belange ihres Hofs, aber er war musikalisch und hatte Sinn für Humor. Einmal mutmaßte Alma gegenüber Elemér, er werde früher oder später herausfinden, dass Lillis Witz weder auf ihren Verstand oder ihre Vernunft, sondern allein auf ihre Kapriolen zurückzuführen sei. Das gebe dann ein böses Erwachen.

Lilli zog nach Hermannstadt und der Alltag auf dem Hof ging ohne sie weiter. Die Allianzen in der Familie hatten sich über die Jahre kaum verändert, höchstens kurze, leicht variierte Seilschaften erlaubt, wenn unwegsames Gelände es erforderte: Alma und ihre jüngste Tochter Henriette, die beiden ältesten Schwestern Lilli und Anna, und Luise, die in der Mitte stand. Doch Lillis und Annas Bündnis hatte sich aufgelöst, als hätte es nie existiert.

Anna zeigte nicht, dass sie litt. Sie hatte es als ihr Recht angesehen, als erste den Elternhof zu verlassen. Luise wusste, wie es um ihre Schwester stand. Sie hatte oft zufällig etwas in Annas Nähe zu tun, kam ihr zu Hilfe, wenn sie mit einer Arbeit nicht fertig wurde oder zeigte ihr ein Vogelnest, das sie entdeckt hatte. Luise ließ diese Aufmerksamkeiten wie zufällig erscheinen, sie waren zu nichts verpflichtend, obwohl sie das Ergebnis eines Vorsatzes waren. Wie sehr sich Henriette um Anteilnahme bemühte, ihr fehlte der Zugang zu Anna. War sie ehrlich, musste sie sich eingestehen, dass sie keine Liebe für sie empfand. Sie war ihr über all die Jahre ein vollkommen fremder Mensch geblieben.

Jedes Mal, wenn Henriette mit ihrer Mutter vor Lillis Eingangstür stand, zeigte ein rascher Blick über sie hinaus, dass Lilli sich vergewisserte, ob Anna nicht doch mitgekommen war. Anna hatte sie, seit sie in der Stadt wohnte, nicht besucht, und Henriette machte die bittere Erfahrung, wie es war, wenn ein Lächeln, das man auf sich bezog, jemand anderem galt.

Die Zwillinge schliefen. Henriette und Alma setzten sich in den Erker, der an die Küche anschloss. Der Tisch war gedeckt, die Wärme des Backofens ließ die Fenster beschlagen. Es roch nach Marmelade und Nüssen. Die Wohnung war mit Möbeln der Gegeneltern eingerichtet, schwere, furnierte Stücke, nur in der Küche eine freundliche weiße Kredenz von Elemér, die mehrmals überstrichen worden war. Auch Alma hatte Lillis Aussteuer sorgfältig ausgewählt, allein Gebrauchsgüter galten als sichere Investition: Perserteppiche, Silber, Bettwäsche, Kristall. Das Kristall stand in der Kredenz und würde zu besonderen Gelegenheiten hervorgeholt werden, vielleicht nicht einmal zu jenen. Alma versuchte, nicht mit ihren Straßenschuhen auf die neuen Teppiche zu treten, und sah immer ein wenig linkisch aus, wenn sie die Wohnung ihrer Tochter betrat.

Henriette mochte es, Neuigkeiten aus dem Leben ihrer Schwester zu erfahren. Lilli hatte wieder das Gewicht erreicht, das sie vor der Geburt von Lissy und Elfe hatte, das Landestheater gab den „Wilhelm Tell“, ein neuer Modehändler war in der Stadt, er machte Hausbesuche, wusste, was in Wien und Berlin Mode war und wollte für die Bestellungen nur in Raten bezahlt werden. Geräusche drangen zu ihnen herein, Absätze auf Kopfsteinpflaster, das Klingeln der Elektrischen, Motorengeräusche, Deutsch, Ungarisch und Rumänisch.

Lillis Mann war Lehrer für Geschichte, er hatte im letzten Jahr Rumänisch gelernt. Er musste jetzt, wie alle Lehrer an deutschen und ungarischen Gymnasien, nach französischem Vorbild *Lyzeen* genannt, rumänische Literatur, Geschichte und Erdkunde in der Nationalsprache unterrichten. Lilli erzählte, wie froh sie gewesen sei, als Simon die Prüfungen bestanden hatte und sie davon erlöst war, ihn abzufragen und sich die endlosen Wiederholungen rumänischer Dichtungen anzuhören. Es habe sie gewundert, sagte sie augenzwinkernd, dass er sie nicht auch im Bett rumänisch angesprochen habe.

„Sei froh, dass wir in einem Land leben, in dem man einander in drei Sprachen die Liebe erklären kann“, sagte Alma.

Die Schwestern tauschten einen vielsagenden Blick. Henriette genoss ihr Einvernehmen, obwohl sie wusste, dass es nicht über diese Stunde andauern, sich wieder verlieren würde, wenn sie zur Tür hinaus war. Ein einziges Mal, als Lilli ihr von der Verlobung erzählt hatte, war ihr diese Verbindung gültig, unverfälscht erschienen.

Es war Winter gewesen und der Weg nach Hause so schmal, dass sich ihre Hände ab und an berührten. Lilli hatte Henriette unvermittelt in den Schnee gestoßen und dabei selbst das Gleichgewicht verloren. Statt aufzustehen, blieb sie liegen und breitete die Arme aus – das allein zeigte Henriette, dass etwas nicht stimmte. Als Lilli sich aufrappelte, traf sie ein Schneeball am Rücken. Henriette erwartete, dass ihre Schwester zornig sein würde, und bereute, dass sie sich hatte hinreißen lassen, doch Lilli nahm die Einladung zur Schneeballschlacht an. Irgendwann, als sie voller Schnee waren, eröffnete ihr Lilli, dass sie noch vor Weihnachten heiraten werde. Henriette sei die erste, die davon erfuhr – eine Auszeichnung, die ihr sonst nicht zuteilwurde. Lilli sagte, dass sie das Gefühl habe, ihr Leben fange jetzt erst an, und etwas von ihrer Freude sprang auf Henriette über, als würde sie selbst vor einer Veränderung, einem Abenteuer stehen. Sie ahnte, was Lilli empfand: Die zurückgelegte Strecke des Lebens wog nichts mehr, war federleicht im Vergleich zu dem, was kommen würde.

Am selben Abend hatten Lilli und Anna das letzte Mal miteinander gesprochen.

„Ich entscheide mich nicht gegen dich, ich entscheide mich *für* Simon“, sagte Lilli.

Diese Äußerung überraschte Henriette, sie zeigte, dass Lilli den Kummer ihrer Schwester vorausgesehen und darüber nachgedacht hatte, wie sie ihn mildern konnte.

„Du entscheidest dich für das Fortgehen, weil du weißt, es würde nie jemand anders kommen, der dich haben wollte.“

Anna hatte Lilli mit ihren Worten verletzt, und doch ging sie noch weiter.

„Mit wie vielen Männern hast du's hier im Dorf schon gehabt? Mit niemandem hast du's lange ausgehalten, oder soll ich lieber sagen, niemand lange mit dir?“

Henriette wandte sich ab, entweder war sie unsichtbar, oder ihren Schwestern als Publikum willkommen. Weder in dem einen noch dem anderen Fall ertrug sie es, im gleichen Zimmer zu bleiben. Sie war schon aus der Tür, als Lilli sagte:

„Ich genieße mein Leben, Anna, und ich bereue nichts. Solche Möglichkeiten wirst du nicht haben. Du wirst auch noch in zehn Jahren eine sein, an der man einfach vorübergeht.“

Nichts konnte dazu führen, dass das im Zorn Gesagte vergessen wurde. Es war für immer in die

Welt eingeschrieben. Lilli hatte einen Gedanken ausgesprochen, den Anna sich ab und an selbst zumutete – aber es war ein Unterschied, ob sie oder jemand anderes ihn aussprach.

Die Wut war ein heißes Kohlestück in der Hand. Es gab in jenem Moment keinen Platz für ein anderes Gefühl, auch wenn Anna sich selbst dabei am meisten wehtat. Diese augenblicklich aufflammende Zerstörungswut war auch dem Vater zu eigen gewesen. Sein Jähzorn hatte sich selten gezeigt, doch wenn, hinterließ er nichts als verbrannte Erde, und alle Schwestern hatten erfahren, dass er auch vor körperlicher Gewalt nicht zurückschreckte.

Alma nahm den Streit ihrer Töchter hin. Sie hatte ihnen Fleiß und Höflichkeit anerzogen, was darüber hinausging, blieb ihnen selbst überlassen. Sie war davon überzeugt, dass ein Kind nach den ersten zehn Jahren von anderen erzogen wurde, von Freunden, Nachbarn oder Büchern, und mischte sich kaum in die Belange ihrer Töchter ein. Luise ertrug den Streit am wenigsten. Sie versuchte, für die eine wie für die andere da zu sein, zu vermitteln, zu versöhnen. Elemér richtete strenge Worte an beide, die ohne Wirkung blieben, und schließlich arrangierte man sich mit dem Zerwürfnis, wie man sich in Familiendingen eben arrangiert.

An diesem Tag in Lillis Erker wünschte sich Henriette, dass die Kränkung sich über die Zeit verlieren würde. Alle Dinge, die sie taten, konnten nicht bis in alle Ewigkeit getan werden, alles, was einmal gesagt, behauptet, beschworen wurde, konnte nicht für immer fortbestehen. Wenn sie sich als Kinder wehgetan hatten, sich die Knie blutig geschlagen oder einen *Schiwwer* eingezogen hatten, wurden sie von Alma mit den Worten getröstet: „Bis du heiratest, ist es vergangen." Henriette war das unendlich weit weg, aber zweifellos erschienen. Der Schmerz würde vergehen. Sie würde heiraten. In diesem Sommer war sie sechzehn geworden und davon überzeugt, weder einen Mann noch eine Familie zu wollen. Wenn sie sah, mit welcher Verzweiflung sich ihre Schwestern an eine Vorstellung ihres Lebens hielten, wollte sie sich vor allem Endgültigen schützen. Unterwegs sein, wenn andere schliefen, Sonnenaufgänge beobachten, bis ihr etwas Neues einfiel, Listen anlegen und wieder verwerfen. Gleichzeitig wusste sie, dass das, was sie für sich beanspruchte, nicht für andere gelten musste. Dass sie, als Nesthäkchen der Familie, jede Freiheit und nichts zu erfüllen hatte.

Eltern meinen gern, an ihrem Kind sei etwas Besonderes, eine rasche Auffassungsgabe, Mut, Gescheitheit oder dergleichen mehr. Henriette konnte weder früh sprechen noch lesen, sie beherrschte kein Instrument, hatte kein Schulfach, in dem sie auffiel, weder positiv noch negativ, und doch ging etwas an ihr über das hinaus, was man von anderen Heranwachsenden kannte.

Zunächst fiel ihre Lebendigkeit auf, die Konzentration und Wachheit ihrer Augen – hellgrau, am Rand von gekörntem Schwarz eingefasst –, ihre Zugewandtheit, Achtsamkeit, die sich von einem auf den anderen Augenblick in etwas Abweisendes, Versunkenes verwandeln konnte. Dann ihre rotblonden Haare, ihre helle Haut und vollen Augenbrauen, die der Leichtigkeit ihrer Gesichtszüge entgegenstanden. Die Lippen, die in gerader Linie endeten, weder Lachen noch Traurigkeit zuzuordnen waren, beides gleichzeitig anklingen ließen und dazu verführten, sie in die eine oder andere Richtung zu lenken.

Henriette fiel auf, weil sie oft allein war und sich seltsamen Dingen widmete, lautete Elemérs Erklärung. Es wäre gescheiter, sie würde zur Raison gebracht werden und sich in die Gemeinschaft einfügen. Er ermahnte sie, wenn sie ihre Zeit unnötig *vertrandelte*, über einem Buch vergaß, die Seiten umzublättern, oder nur mit der Hälfte der verlangten Lebensmittel vom Markt zurückkam. Er konnte es, im Gegensatz zu Alma, nicht aufgeben, sie zu erziehen. Gleichzeitig war er es, der Henriette in Schutz nahm, wenn sie bestraft werden sollte. Es fiel ihm leichter, eine Strafe als gerechtfertigt anzusehen, die er selbst verhängt hatte. Wenn sie von Alma zu ihm geschickt wurde, um bei der Hausarbeit zu helfen, ließ er sie faulenzen. Wenn sie ohne Abendessen ins Bett sollte, war er es, der Luise anstiftete, Henriette heimlich das Abendbrot aufs Zimmer zu bringen. Fingerlutschen statt essen, das gab es bei ihm nicht. Er hatte den Hunger kennengelernt.

Die Wahrheit war, Henriette fiel auf, ganz gleich, was sie tat oder nicht tat, ob sie alleine unterwegs war oder sich anderen anschloss. Spielten die Mädchen ihrer Klasse Völkerball, blieb sie übrig. Ging es zum Tanz, gab es keine Runde, in der sie nicht aufgefordert wurde. Als sie am Kronenfest mehrmals hintereinander mit Kuno tanzte, schmierte Maria ihr die Schulhefte voll. Es kam heraus, und sie musste sich entschuldigen. Dabei sah Maria ostentativ zum Fenster, als wolle sie sagen: Es geht mich nichts an.

Henriette nahm das eine wie das andere hin, die Rivalität der Mädchen und das Interesse der Jungs, die Gleichgültigkeit der Schwestern und die Aufmerksamkeit der Mutter. Sie hatte gelernt, ihre Unsicherheit zu überspielen, auszuhalten, dass selbst der Großvater sie manchmal ansah, als würde er in ihrem Gesicht nach etwas suchen. Es gab Tage, da genoss sie das Wissen, dass sie keinen Raum betreten konnte, ohne bemerkt zu werden. Dann wiederum wünschte sie, anderen begegnen zu können, ohne dass sie über sie nachdachten, sich nach ihr umdrehten, über sie sprachen. Dabei bemühte sie sich, nicht weiter aufzufallen, half auf dem Hof und auf dem Feld wie alle anderen – sie war nicht zimperlich und hatte Ausdauer. Sie hatte gelernt, das Gleichgewicht zu wahren, zwischen dem, was von ihr erwartet wurde, und dem, was sie umtrieb. Und manchmal gelang es ihr, sich einzureden, sie habe sich nicht verirrt.

Es war kurz vor acht, im Haus war es ruhig, auch der Teekessel blieb still, da Henriette vergessen hatte, den Herd anzufachen. Ein Klopfen reihte sich in diese Stille ein, die nur ab und an durch ein Geräusch von der Straße oder den Eisenbahnschienen durchbrochen wurde.

Henriette saß auf der Küchenbank, wartete auf das Sieden des Wassers und starrte in ihr Notizbuch. Auf die mit Bleistift notierten Zahlenreihen, hinter jeder Zeile ein Häkchen, auf die Berechnungen und Beobachtungen, die kaum jemand anderes als sie selbst entschlüsseln konnte. Jede ihrer Schwestern hatte sich irgendwann ihres Notizbuches angenommen, und sie hoffte, dass die Abkürzungen es reizlos machten.

Wenn Henriette sich etwas vorgenommen hatte, gab es eine Richtschnur für ihre Zufriedenheit, dann ging es nicht darum, ob jemand freundlich zu ihr gewesen war, ihr etwas gelang, oder eine unliebsame Aufgabe erspart blieb. Ob sie glücklich war oder nicht, hing in diesem Sommer davon ab, ob sie den Aufgang der Sonne beobachten konnte. Sie bezog jeden Morgen im Obergeschoss des Schuppens Position, wartete auf den Sonnenaufgang, setzte ein Häkchen hinter die Zahlen, die sie aus einem Kalender abgeschrieben hatte, und notierte, was ihr wichtig erschien. Ob sich ein Licht im gegenüberliegenden Dachfenster spiegelte, welche Katzen schon auf waren, was sie am heutigen Tag zu tun hatte. Meist blieb sie wach und begann vor allen anderen mit der Hausarbeit. Wenn nicht, konnte sie sicher sein, dass Alma sie schlafen ließ – keiner ihrer Schwestern wurde eine solche Nachsicht entgegengebracht.

Henriette bemerkte endlich, dass das Teewasser nicht gekocht hatte, dass es auf dem kalten Ofen nie kochen würde, und sachte, als löste sich das Geräusch aus einem Traum, wurde ihr bewusst, dass das Klopfen kein Fenster war, das auf- und zuging. Jemand war an der Tür. Der Motor eines Wagens, das Zufallen einer Autotür, Hundebellen, Klopfen – alles war Henriette entgangen. Sie strich den Rock glatt und das Haar, eine Angewohnheit, die sie von ihrer Familie übernommen hatte. Ihre Mutter strich sich übers Haar, weil sich einige Strähnen aus dem Zopf lösten, Luise, weil sie nervös war, und Anna, weil sie auf jemanden hoffte, der ihretwegen gekommen war.

An der Tür stand eine Frau, mit Pagenfrisur, Perlenkette und enganliegendem, dunkelblauen Kostüm. Sie war bereits halb abgewandt und sah Henriette abtastend, verunsichert, vor allem aber überrascht an. Wie immer ging es darum, diese ersten Sekunden auszuhalten. Henriette hatte gelernt, weder die Augen abzuwenden noch die Schultern hängen zu lassen, der Prüfung standzuhalten, mit gerader Haltung, gleichmütig.

Die Frau fing sich rasch.

„Darf ich hereinkommen?", fragte sie in dialektfreiem Deutsch.

„Zu wem möchten Sie?"

„Zu dir."

„Bitte", hörte sich Henriette sagen, stand jedoch noch einen Moment unentschlossen im Weg, bevor sie ins Herrenzimmer vorausging, das immer noch so hieß, obwohl die Aschenbecher und Kristallkaraffen auf der Anrichte wie Ausstellungsstücke wirkten.

Die Frau blieb unschlüssig zwischen zwei Sesseln stehen. Henriette erlöste sie nicht, indem sie ihr einen Platz anbot, was untypisch für sie war. Sie versuchte sonst gerne jedes Bedürfnis zu erahnen, um zuvorkommend, gefällig sein zu können. Sie hatte sich dieses Verhalten Frauen gegenüber angewöhnt, um zu zeigen, dass sie sich nicht für etwas Besseres hielt. Das konnte so weit gehen, dass sie, aus Angst, andere könnten neidisch sein, keine schönen Sachen trug. Manchmal widerte sie dieser Pakt an. Sich anzubiedern, zu verleugnen, kam ihr erbärmlich vor. Sie konnte nicht sagen warum, aber in Gegenwart der Frau, ihres geradlinigen Blicks, ihrer kultivierten Erscheinung, wurden diese auferlegten Zwänge hinfällig.

Die Besucherin machte eine Bewegung, als wolle sie Platz nehmen, doch dann zog sie etwas aus der Rocktasche hervor. Entschieden, als wäre es ein Geschenk, das anzunehmen ihre Pflicht war, überreichte sie Henriette einen Ring. Die eine Hand öffnete sich, die andere übernahm den Inhalt, ohne ein Wort, mit einer Sachlichkeit, als wäre nichts anderes möglich und nötig. Es war ein Silberring mit eingefasstem hellblauen Stein, durchsichtig wie Eiszapfen, bevor sie anfangen, zu schmelzen. War es ein Geschenk? Steckte Elemér dahinter oder ihre Mutter? Sollte Henriette ihn aufbewahren oder wollte die Frau ihn verkaufen?

„Ich möchte ihn dir zum Tausch anbieten."

Die Frau sah sie an, als wäre die Sache damit abgemacht. Als wisse sie, dass sie Henriette gewonnen hatte, vielleicht hatte sie es schon auf der Türschwelle gewusst, vielleicht war sie nicht zufällig hierhergekommen, zu dieser frühen Stunde, da alle anderen fort waren. Was auch immer sie hierhergebracht hatte, sie fragte nicht, *ob* Henriette den Ring haben wolle, sie sagte nur, es sei ein Turmalin und mehr wert als das, was sie dafür verlange.

Was sie dafür verlange, hörte sich Henriette fragen.

„Brot, Speck, Butter, Käse…" Die Frau hielt inne, als müsse sie die Aufzählung willentlich unterbrechen, und senkte den Blick. Ob aus Scham oder weil sie Henriette beim Anprobieren des Rings nicht stören wollte, war nicht zu sagen. Sie drehte sich zur Seite, wie jemand sich abwendet, wenn ein anderer ein Kleidungsstück anprobiert.

Für den Ringfinger war er zu groß, doch an Henriettes rechtem Zeigefinger passte er. Sie betrachtete ihre Hand, bis sie sich vom Arm und dem restlichen Körper zu lösen schien und nur noch ein verschwommenes blaues Leuchten übrig blieb.

Es war eine Hand, die es mochte, Bleistifte zu halten, die gern Zweige abknickte, in der Erde wühlte, Oberflächen abtastete, raue, gewellte, gekerbte, krause, knittrige, glatte; die es hasste, Kartoffeln zu schälen, weil die runde Form sich dem Messer entzog, die es nicht mochte, Wäsche aufzuhängen (besonders umgedrehte nasse Ärmel zu wenden), die das Gefühl suchte, dass alles um ihretwillen da war, die gern die Distanz zu anderen überwinden würde, die noch nicht wusste, wie viel sie noch tasten, untersuchen, fassen würde, und schon jetzt das Gefühl hatte, es sei nie zufriedenstellend, nie genug.

Bei ihrem letzten Besuch in Hermannstadt hatte sie im Schaufenster der Selbsthilfe-Bausparkasse einen Hinweis in gotischen Lettern bemerkt, auf dem stand, dass der Besuch gepuderter und geschminkter Frauen in den Diensträumen nicht erwünscht sei. Alma hatte nur kurz innegehalten, Schminke war etwas, das sie nie besessen hatte, doch Henriette war dieses Verbot nicht aus dem Sinn gegangen. Gepudert waren Frauen, die ins Theater gingen oder ins Konzert, Frauen mit Hüten und Handschuhen, Frauen, die solche Ringe besaßen wie diese Frau, die jetzt vor ihr stand, und die eine Eleganz und Selbstsicherheit ausstrahlte, die Henriette bislang nicht kannte. Wenn das unerwünscht war, als unangebracht angesehen wurde, dann war es richtig, dass die Frau an ihre Tür geklopft hatte. Dann wollte sie ihr helfen und daran glauben, dass dieser Ring für sie bestimmt war.

Sie hatte den Eindruck, dass der Frau ihre Angewohnheit nicht fremd war, sich aus dem Augenblick davonzustehlen. Dass sie genau wusste, dass Henriette gerade nur körperlich anwesend war, sich ihren Gedanken hingab, ganz aus der Zeit und diesem Raum stahl. Dass sie das gern und oft tat – nicht, weil eine Notwendigkeit dafür bestand, sondern einfach, weil es möglich war.

Se face că plouă, so tun, als ob es regnet, nannte ihre Mutter diese Abwesenheit, die sich immer einstellte, wenn Henriette etwas langweilte oder sehr beschäftigte, andere im Gespräch waren oder auf sie einredeten, oder wenn sie ihr etwas auftrug, das sie nicht mochte.

Die Frau spielte mit einer aufgetrennten Naht ihres Ärmels und sah zum Fenster. Henriette betrachtete ihr Profil, die getuschten Wimpern, das markante Kinn, die dunklen Haare, akkurat auf Linie geschnitten und vorne in einem Schwung endend. Ihr Gesicht sah ernst aus, gefasst, dennoch konnte sich Henriette vorstellen, wie es war, wenn sie lächelte, und sie spürte den Wunsch, ihr etwas von dem, was sie beschäftigte, abzunehmen. Dann veränderten sich ihre Gesichtszüge, durch eine Beobachtung, eine Erinnerung. Möglicherweise war sie auch woanders, dachte an jemanden Bestimmten oder ins Ungefähre (was für Henriette die natürliche Richtung ihrer Gedanken war), und so waren vielleicht viele nebeneinander, in Gedanken, als ob es regnet.

Henriette zog den Ring ab. Plötzlich fühlte sie sich ertappt, schuldig, als ob sie ihre Familie bereits hintergangen hätte. Sie bat die Frau zu gehen und sagte, dass sie in einer Stunde auf der Brücke auf sie warten solle. Die Frau machte den Eindruck, als fürchte sie die vor ihr liegende zeitliche Spanne, doch sie gab Henriette zu verstehen, dass sie einen Handel hatten, steckte den Ring ein und ging.

In dieser Nacht war Henriette die einzige, die Elemérs Hof aufsuchte. Sie hatte bislang nicht erfahren, was es bedeutete, sich im Bett zu wälzen, von einer auf die andere Seite, in der Hoffnung, dass eine veränderte Position den Schlaf brachte. Sie war oft freiwillig wach gewesen, hatte gern auf einige Stunden Nachtruhe verzichtet, wenn die Aussicht bestand, etwas zu erleben.

Heute hatte sie sich nichts sehnlicher gewünscht als den Schlaf, der immer unwahrscheinlicher wurde, je länger sie auf ihn wartete. Sie zog sich im Dunkeln an und war fast aus dem Zimmer, als sie Luises Stimme hörte.

„Wohin gehst du?"

„Zu Großvater", flüsterte Henriette und bedeutete ihr mit einem Blick auf Anna, leise zu sein. Dann besann sie sich, ging zu Luises Bett und küsste sie.

„Mach dir keine Sorgen, ich bin bald wieder zurück."

Der Wind kühlte die Haut. Die Silhouetten der Häuser schoben sich ineinander, bucklige Scheunen, spitze Giebel, das Halbrund der Tore.

Keine Stimme tröstet wie die eigene, hatte Elemér gesagt. Henriette war das seltsam vorgekommen, sie dachte, man suche nachts den Trost einer anderen Stimme. Doch oft erfuhr man erst während des Sprechens, was einen beschäftigte, und es brauchte das Aussprechen, um Gedanken loszulassen, die zu einer Ungeheuerlichkeit herangewachsen waren. Luise hatte recht: Nachts bekam selbst der Krauthobel Zähne.

Elemér saß unterm Nussbaum und rauchte.

Bald musste er sich einen anderen Lieblingsplatz suchen. Eine Walnuss nach der anderen würde zu Boden fallen, die grünen Schalen würden aufplatzen und schwarz werden, und Henriette würde helfen, sie einzusammeln, und ab und an jene weiße, bittere Haut entfernen, um eine zu essen.

„Ich kann nicht schlafen", sprach sie das Offensichtliche aus.

„Dann bist du ja hier richtig, *angyalom.* Ich dachte schon, die Nacht vergeht mir ohne Gesellschaft."

Elemér entfernte den Tabak von seinen Lippen. Er verachtete Mundstücke, er benutzte keine Feuerzeuge. Mit Menschen, die sich vom Rauch belästigt fühlten, verkehrte er erst gar nicht. Raucher waren für ihn die besseren Gesprächspartner, möglicherweise auch die besseren Menschen. Henriette setzte sich, legte die Beine wie Elemér auf einen Schemel und beobachtete, wie der Rauch aufstieg und zwischen den Blättern des Baums verschwand.

Auch die Frau hatte geraucht, als sie, an einen schwarzen Wagen gelehnt, gewartet hatte. Sie hatte das Oberteil ihres Kostüms auf dem Kofferraum abgelegt, hielt die Zigarette in der ausgestreckten Hand und führte sie in einer einzigen, fließenden Bewegung zum Mund. Henriette war beiläufig auf sie zugegangen, als habe ein Spazierweg diese Begegnung herbeigeführt. Die Frau beobachtete sie die ganze Strecke, die sie ihr auf der Straße entgegenkam. Henriette fühlte sich unter ihrem Blick nicht unwohl. Sie wurde weder abgelehnt noch in Besitz genommen.

Henriette überreichte die verlangten Lebensmittel, sie hatte auch Marmeladengläser beigefügt und eingelegtes Fleisch, das sich halten würde. Sie wollte die Stimme der Frau hören, das dialektfreie Deutsch, das sie nicht einordnen konnte, wollte sie nach ihrem Namen fragen, warum sie unterwegs war und wohin, warum sie Lebensmittel tauschte und nicht kaufte. Sie wollte fragen, woher der Ring stammte, ob er eine Bedeutung für sie hatte und ob es ihr leicht fiel, ihn fortzugeben. Doch sie wusste, dass ihr Abkommen beinhaltete, solcherlei Fragen nicht zu stellen.

Die Frau nahm den Beutel wie einen zerbrechlichen Gegenstand entgegen und reichte das Tauschgut durchs offene Fenster. Im Wagen konnte Henriette noch zwei weitere Personen ausmachen, doch nur der Fahrer war ihnen zugewandt. Dann griff sie in die Rocktasche, mit einer leichten Beugung aus der Hüfte, die Henriette schon bei ihrer ersten Begegnung aufgefallen war, und übergab ihr den Ring. Sie sah ihn nicht einmal mehr an.

„Ich wünsche Ihnen Glück“, sagte Henriette.

Die Frau, bereits an der Wagentür, drehte sich um. Es war kaum mehr als eine leichte Bewegung der Mundwinkel, die sich über die Wangen bis zu den Augen fortsetzte. Aber es war das erste Mal, dass sie in Henriettes Gegenwart lächelte. Der Motor des Wagens sprang an, die Frau stieg ein und hob die Hand zum Gruß.

„Wer war das?“

Henriette schrak zusammen.

Kuno stand hinter ihr und sah dem Wagen hinterher.

„Ich weiß nicht“, sagte Henriette. Es war die Wahrheit.

„Was wollten sie?“

„Sie haben nach dem Weg gefragt.“

Es war offensichtlich, dass er nicht überzeugt war, doch er ließ die Sache auf sich beruhen.

„Du bist ein seltsames Mädchen.“

Henriette lachte. „Wenn es sonst nichts ist.“

„Willst du mich zur Ruine begleiten?“

Henriettes erster Gedanke galt Maria. Sie fürchtete, dass sie sich wieder Ärger einhandeln würde. Dann dachte sie an den Ring. Sie umschloss ihn mit der Faust und sagte:

„Ja, ich komme mit.“

Elemér mochte Pausen. Er zelebrierte sie durch das Entzünden einer Zigarette oder das Nachfüllen der Gläser. Er hielt im Gespräch inne und ließ das, worüber gesprochen worden war, gedanklich auf seinen Platz fallen.

Henriette drehte den Ring in ihrer Rocktasche. Sie konnte ihn, nur durch die Berührung ihrer Finger, sehen, die Spuren, die zeigten, dass er getragen worden war, den hellblauen Stein, der hart und klar wirkte, und sie doch an ein Auge erinnerte, bevor es tränte, an Eis, bevor die Sonne es zum Schmelzen brachte.

Tragen durfte sie ihn vorerst nicht, nicht einmal zu besonderen Gelegenheiten, wenn alle das Wertvollste trugen, das sie hatten. Einen solchen Ring besaß man im Geheimen. Er musste versteckt gehalten werden, zwischen der Wäsche, unter der Matratze, in der Scheune. Er offenbarte, dass sie ihre Familie betrogen hatte, und Henriette dachte darüber nach, was schwerer wog: die entwendeten Lebensmittel oder das geheime Vorhandensein des Rings. Aber sie würde den Ring nicht teilen, gerade weil sie so vieles teilte, manche Angewohnheit ihrer Mutter und ihrer Schwestern übernommen hatte, um nicht aufzufallen.

Elemér zündete sich, mit jener routinierten Geste seiner großen Hände, die nächste Zigarette an. Zuerst klopfte er die Hemdtasche ab, als müsse er sich vergewissern, dass die Schachtel noch darin war. Dann befeuchtete er Zeigefinger und Daumen und zog eine Zigarette aus dem Päckchen. Mit der anderen Hand und beeindruckender Fingerakrobatik entzündete er ein Streichholz. Er atmete den Rauch aus, und ein Ring stieg auf, so groß, dass es Henriette vorkam, er könne sie beide, vielleicht sogar den ganzen Baum umfassen.

Mit dem September veränderte sich etwas. Die Kastanien wussten es immer als erstes. In den Schatten verschanzte sich kühlere Luft, die Blätter fingen an zu welken. Nie hatte der Garten eindrucksvoller ausgesehen. Die Birnen leuchteten in der Dämmerung wie kleine Lampions. Die Bohnen waren an den Stock-Enden angelangt und hingen spiralförmig herunter. Melonen lagen wie verstreute Bälle herum. Lauchzwiebeln fächerten sich in akkuraten Reihen auf. Zucchini, einen halben Meter groß, wollten geerntet werden. Nur die Gurken verweigerten sich standhaft dem allgemeinen Größenrausch.

„Wenn die Schule beginnt“, sagte Elemér, „wäre es gut, wenn du nachts weder die Gesellschaft der Schlaflosen besuchst noch Sonnenaufgänge beobachtest.“

„Ich weiß“, sagte Henriette. Gegen den Herbst hatte sie nichts einzuwenden, doch sie fürchtete sich vor den Wintermonaten, wenn Elemérs Garten ohne Farben auskommen musste und nur noch eine weiß zugedeckte Hügellandschaft war.

„Aber noch ist es nicht so weit. Und bevor du gehst: Die Tomaten brauchen Wasser, meinst du nicht auch?“

Sie war schon bei der Gießkanne, als Elemér das letzte Wort aussprach.

Auf dem Heimweg wagte Henriette einen Schlenker aufs Feld. Am Zibin entlang zum Alt, bis auf der anderen Seite die Bahnschienen und die Haltestelle Roter-Turm zu sehen waren. Die Berge tauchten aus dem Dunkel ins Gräuliche, dann in ein werdendes Blau, wie Farbe, die sich auf Papier vollsog. Lange vorher hatten die Flüsse das Licht eingefangen.

Auf dem Weg ins Dorf blieb sie auf der Brücke stehen. Sie dachte daran, wie der Staub noch eine Weile die Spur des Wagens angezeigt hatte, wie sie mit Kuno von der Ruine der Landeskrone übers Land geschaut hatte, und empfand mit einem Mal Schmerz, als stünde ein Abschied bevor. Als ob die Frau ihr sagen wollte: Es gibt etwas jenseits dieses Dorfes, du wirst es kennenlernen, denn diese Welt wird vergehen, die dir jetzt die Mitte deines Lebens ist.

Die Frau hatte keine Geschichte, die über ihre Begegnung hinausging. Es gab sie nur mit Perlenkette und blauem Kostüm, an dessen Ärmel sich die Naht auftrennte, zwischen zwei Sesseln in ihrem Haus, an den Kofferraum gelehnt, wartend. Für Henriette würde es nur den Ring als Zeugnis ihres Treffens geben, so wie die Ziffern in ihrem Notizbuch, die das Aufgehen der Sonne festhielten, oder vielmehr: ihre Anwesenheit bei diesem Schauspiel.

Auch wenn die Sonne sich nicht um ihre Zeugenschaft scherte, so machte es einen Unterschied, ob sie dabei war oder nicht. Ob sie rechtzeitig auf war, um dem Riss im Dunkeln aufzulauern, durch den das Blau des neuen Tages einsickerte.

Wenn nur das Netz aus
Straßen Bedeutung hatte, das
die Landkarte überzog, feine
Gitterlinien, die ihn über
Flüsse und Berge trugen –
und es war ihm allemal genug,
auch wenn sie ihn noch nie
über eine Ländergrenze
hinweg getragen hatten.

Eine Zitrone im All

Jetzt also würde er sterben. Den Moment, den er als seinen letzten ausmachte, hatte er sich anders vorgestellt. Nicht das Sterben an sich, dies hier wäre kein schlechter Tod. Er hatte angenommen, dass sich sein Leben noch einmal vor seinen Augen abspielen würde – wie man es sich erzählt. Dass er an seine Freundin denken würde, daran, wie schade es wäre, jetzt aus dem Leben gerissen zu werden, wo er Liane kennengelernt hatte. An seine Tante, die sich wundern würde, wo er war, die am Morgen an seinem Bett stehen und übers Kissen streichen würde, so wie sie früher über seine Stirn gestrichen hatte. Vielleicht an seine Kindheit, einzelne Augenblicke, die ihm unwesentlich vorkamen, und die der Tod eigenmächtig herausheben würde: Mit seinen Kusinen Lissy und Elfe in einem Mohnblumenfeld, auf einer Eisbahn im Hof Schlittschuh laufend, Fuchsspuren in einer unberührten Schneedecke, das Bild einer schönen Frau, die ihn hielt (oder hielt nicht vielmehr er sie?). Szenen, die er von Fotografien kannte, als gäbe es darüber hinaus keine Erinnerung.

Der Tod hatte seine eigene Meinung. Er würde ihm nicht einmal Zeit geben, sich an etwas zu erinnern, etwas zu bereuen, jemandem zu vergeben, ein Geschenk zu machen, oder etwas zu sagen, bedeutend oder unbedeutend – wie sein Onkel, der im Krieg viele Männer hatte sterben sehen, zu erzählen gewusst hatte. Der Tod hatte seinen eigenen Humor. Er war ein launischer Gegenspieler und er gab ihm in diesem Augenblick, den Vicco als seinen letzten ausmachte, keinen anderen Gedanken ein, als das tiefe Bedauern darüber, dass er auf dieser Landstraße sterben und die Landung der Mission Apollo Elf verpassen würde.

In der Honterusgasse waren sicher alle zusammengekommen, um zu verfolgen, wie Armstrong und Aldrin auf dem Mond landeten. Nur er würde nicht sehen, wie der erste Mensch einen Fuß auf den Mond setzte, wie die Erde aus dem All aussah – ein durchscheinender, blauer Planet aus Wasser, Erde und Wolken, auf dem irgendwo in Südosteuropa ein Mann auf seinem Motorrad verunglückte. Betrachtete man es aus dieser Perspektive, was spielte sein Tod da für eine Rolle? Kein Sommer oder Winter würde seinetwegen ausbleiben, und auf dem Negoi würde es weiterhin keine Zitronen geben. Andere würden durch Mohnblumenfelder spazieren, Eislaufbahnen im Hof anlegen, Fuchs- und Wolfsspuren finden, mit oder ohne Mutter zurechtkommen. Die Zeit dehnte sich, es blieb Raum genug, um solche Gedanken zu denken – ein letztes großes Zögern, eine Weite des Bewusstseins in dem, was das Ende des Lebens war.

Schuld war seine Maschine. Eine himmelblaue MZ, Baujahr '63. Das Licht folgte seinen Lenkbewegungen nicht, es zeigte auf der kurvenreichen Straße stur geradeaus. Der Scheinwerfer tastete den Felsen ab, der die Straße rechter Hand einfasste, die Linkskurve blieb im Dunkeln, und so hatte er den Heuwagen erst gesehen, als es zu spät war. Vor einem Monat war ein Nachbar auf diese Weise ums Leben gekommen. Er war in einen am Straßenrand abgestellten Heuwagen hineingefahren, die Deichsel des Zweispänners hatte ihm die Halsschlagader durchtrennt. In dem armen Teufel war kein Tropfen Blut mehr gewesen, als man ihn fand.

Jetzt bist du dran, dachte Vicco, jetzt erwischt es dich. Du stirbst, während die Amerikaner auf dem Mond landen. Zumindest wird niemand so leicht dein Todesdatum vergessen. Er hielt den Lenker fest, spürte, wie sein Herz schlug, sein Blut durch den Körper rauschte, wie die Nachtluft Handgelenke und Wangen kühlte. Er hielt unbeirrt auf das Hindernis zu und fuhr mit Vollgas durchs Heu. Vorher schloss er die Augen, hoffte auf ein kurzes, schmerzloses Ende, und als er sie wieder öffnete, wunderte er sich, dass seine Maschine immer noch fuhr, dass Licht und Räder und Motorengeräusch noch immer da waren. Er zweifelte an seiner Wahrnehmung, wusste für einen Moment nicht, wer lenkte, wer fuhr, ob er nicht auf der anderen Seite der Erde herausgekommen war. Aber es war dieselbe Straße, es waren dieselben Felsen, und auch der Mond war noch da, der die Dunkelheit nicht vertreiben konnte, die Kälte des Surul und des Negoi, die Vicco mit einem Mal zu spüren glaubte.

Es kam ihm nicht eine Sekunde in den Sinn, umzudrehen oder anzuhalten. Er hielt mit einer Hand den Lenker und klopfte mit der anderen Hand das Heu ab, das ihn umfasste wie ein Rettungsring. Es waren nur heruntergefallene Heuballen gewesen, groß und locker, kein Heuwagen, und er hatte das einzig richtige getan, er war mitten hindurch gefahren. Das Heu flog vom Lenkrad auf, wie Konfetti an einem Fest.

Wenige Kilometer danach dachte er nicht mehr an den Vorfall. Es war zwar knapp gewesen, aber nicht das erste Mal, dass er in eine gefährliche Situation geraten war, und es würde ihn nicht davon abhalten, bei jeder Witterung und zu jeder Tages- oder Nachtzeit unterwegs zu sein, wie ihn lange Zeit auch nichts davon abgehalten hatte, ohne Führerschein zu fahren.

Er öffnete das Hoftor und nahm die letzten Meter mit durchdrehenden Reifen, so dass der Kies aufflog.

Er lebte im Haus seiner Tante und seines Onkels, das zu einem beliebten Treffpunkt seines Kränzchens geworden war. Es gab im Keller eine ausgebaute Bar, und da Horst-Onkel Elektrotechniker war, hatten sie seit Jahren einen Fernseher der Marke Rubin, einen der ersten Fernseher Hermannstadts (der Viccos Popularität sprunghaft hatte ansteigen lassen). Eigentlich war die Zeit längst reif für seinen Auszug. Doch im Haus war genug Platz, und er mochte es, von seiner Tante umsorgt zu werden. Luise-Tante führte einen peniblen Haushalt. Alles war festgelegt, wann es Mittag- oder Abendessen gab, wann gewaschen und geputzt wurde und welche Stunden dem Müßiggang vorbehalten waren. Es fiel ihm leicht, sich in ihren Rhythmus zu fügen, er wusste, dass er seine Wäsche bis Donnerstag Abend in den Korb vor der Waschküche gelegt haben musste, wann sie ihre Ruhe brauchte oder sich eine Unterhaltung wünschte, wann sie einkaufen ging und wann sie las. Er wusste, welche Orte des Hauses ihr gehörten, dass zu gewissen Stunden der Lesesessel nicht zu okkupieren war, dass es in der Küche ein System gab, das nur ihr einleuchtete (und so seinen Onkel und ihn von jeglichen Küchenpflichten entband), und welche Lampen zu welcher Uhrzeit zu leuchten hatten, damit es am Abend im Haus nie ganz dunkel wurde.

Luise drängte ihn nicht auszuziehen, im Gegenteil. Er war, da sie keine eigenen Kinder hatte, ihr

Ersatzsohn. Aber sie gab ihm nie das Gefühl, dass er an der Stelle eines anderen war, dass er sie für etwas entschädigen musste, was ihr das Leben vorenthalten hatte. Vicco war nach der neunten Klasse von der Schule abgegangen und hatte eine Lehre als Automechaniker gemacht. Seit er seine erste Stelle hatte, konnte er sich einen Trabi *und* ein Motorrad leisten. Das Geld war so besser angelegt als in die Ausstattung einer eigenen Wohnung, wie er fand.

Als er das Große Zimmer betrat, sahen nur seine Tante und Liane auf. Die anderen, die auf dem Sofa, auf Stühlen und dem Teppich saßen, kümmerte sein Eintreffen nicht. Kurz dachte er daran, dass sie froh sein konnten, ihn überhaupt lebend zu Gesicht zu bekommen. Er war nicht an einer Felswand zerschellt, ihn hatte keine Deichsel aufgespießt, er war nicht von der Welt gefallen. Liane wehrte seine Küsse ab, und als er auf den schwarzweiß flimmernden Kasten sah, hatte auch er nicht mehr das Bedürfnis, etwas zu sagen oder sie zu küssen.

Die Astronauten bewegten sich vor einem schwarzen Himmel, langsam, wie unter Wasser. Der Boden war sandig, von Gestein und Kratern durchzogen. Eine amerikanische Flagge flatterte, als würde auch auf dem Mond der Wind gehen. Vicco wusste, dass das nicht sein konnte, und fragte sich, welche Sprache näher an der Wirklichkeit war: Sein Dialekt, in dem der Wind gemächlich „ging", das Hochdeutsche „wehte", oder das Rumänische, in dem der Wind kräftig „schlug", *vîntul bate*. Was sie sahen, lag fernab von allem Wirklichen, von jeder Gewissheit, könnte auch ein Trugbild sein – wie alles, was sich innerhalb des schweren, kleinen Kastens abspielte. So wie der erste Satz vieler rumänischer Märchen, die Luise-Tante den siebenbürgischen vorzog, weil sich darin, wie sie sagte, die ungleich größere Lust am Fabulieren zeigte: Es war einmal und ist doch nie geschehen.

Später, auf dem Schuppendach, dessen Holzplanken noch warm waren, sprach er mit Liane über das, was sie gesehen hatten. Die Zigarette wanderte zwischen ihnen hin und her, Vicco nahm zwei, Liane einen Zug, ihre Finger berührten sich bei der Übergabe. Sie sahen zum Himmel und versuchten, sich vorzustellen, dass dort oben, unvorstellbar weit entfernt, Menschen waren. Sie wunderten sich, dass man sie von der Erde aus nicht sehen konnte. Kein Schatten, der sich bewegte, kein wandernder Punkt, kein blinkendes Licht, selbst Liane sah nichts, die sonst immer alles sehen konnte. Vicco schob die Hand unter Lianes Oberteil. Sie wehrte ihn ab. Man könne sie aus dem ersten Stock sehen.

Vicco sagte, dass er es bedauere, als Heranwachsender vom Dach des Schuppens gefallen zu sein.

„Das bedauere ich auch", sagte sie und es klang eher wie: Worauf willst du hinaus?

„Mein rechter Arm war gebrochen und der Pfirsichbaum wurde abgeholzt, damit ich nicht mehr aufs Dach klettern konnte. Der Baum wäre jetzt so groß, dass ich dir Pfirsiche pflücken könnte."

„Du würdest dann noch etwas anderes pflücken wollen", sagte sie mit einem Augenzwinkern.

„Möchtest du zum Mittagessen frischen Fisch?"

Liane lachte. Er brauchte keine weitere Antwort, um zu wissen, dass sie einverstanden war.

Er hinterließ einen Zettel auf dem Küchentisch und beschwerte ihn mit einem Stein: „Bin mit Liane am Schwarzen Meer. Gruß, Vicco."

Es waren knapp sechshundert Kilometer bis Constanţa. Er hatte genug Benzin, etwas Geld, sie hatten nur mit, was sie auf dem Leib trugen. Liane schlief auf dem Beifahrersitz. Sie hatte die Beine angewinkelt und mit ihrer Strickjacke bedeckt. Ihr Kopf war zur Seite gerutscht. Ihre Haare waren zerzaust. Mit ihr konnte er durchfahren, ohne dass sie etwas brauchte, ohne dass sie sich beschwerte, bereute, ob es eine gute Idee war, für einen Tag ans Meer zu fahren. Sie war abenteuerlustig, die mutigste Frau, die er kannte. Er lächelte, als ihm einfiel, wie er ihr vor einigen Wochen auf die Schliche gekommen war. Er saß mit

Freunden in der *Bufniza*, der „Eule" in der Heltauergasse, als ein Bekannter ihm sagte, er habe seinen Trabi durch die Stadt fahren sehen. In Hermannstadt gab es nur einen pastellgrünen Trabi, und das war seiner. Vicco hatte abgewunken, sicher war jemand aus Deutschland zu Besuch. Erst, als es das zweite Mal passierte – wieder meinte jemand seinen Trabi gesehen zu haben, während er in der „Eule" Karten spielte –, dämmerte es ihm. Liane leugnete nicht. Sie gab sofort zu, dass sie seine Schlüssel genommen hatte. Noch am selben Nachmittag übte er mit ihr auf dem *Poligon*. Es war schließlich nicht verkehrt, dass sie den Führerschein machte, bevor sie sein Auto benutzte. Was es bedeutete, erwischt zu werden, hatte er am eigenen Leib erfahren. Er war nur einer Gefängnisstrafe entkommen, weil ein Freund der Familie den obersten Richter kannte. Ein kurzes Telefonat reichte.

„Brauchst du Orangen?", wurde der Richter gefragt.

Vicco gehörte nicht zu der Sorte Mann, die man sich unbedingt als Schwiegersohn wünschte. Er konnte keinen Schulabschluss vorweisen und hatte, was kein Geheimnis war, sein Leben nicht als *uşa de biserică*, als Kirchentür verbracht. Vor Liane hatte es andere Frauen gegeben, Wanda, Marcella, oder Brigitte aus Dresden. Sie hatten sich lange Briefe geschrieben (Brigitte lang, er eher kurz), sie war zwei Mal zu Besuch gekommen, dann eröffnete sie ihm erstaunlich unsentimental, dass es „jemand anderen" gab. Es dauerte keine zwei Wochen, und er hatte eine neue Freundin.

Vicco mochte keine Klischees. Und Liane war anders. Sie hatte ihren eigenen Kopf, legte es nicht darauf an, ihm zu gefallen, und gefiel ihm dadurch umso mehr. Sie war begeisterungsfähig, belesen und gleichzeitig pragmatisch, unvoreingenommen und realistisch. Sie mochte es, wie er, zu reisen, dieses Gefühl der Freiheit, das es nur unterwegs gab. Wenn sich die Räder, ganz gleich ob zwei oder vier, die Straße einverleibten, die Wagenfenster die Landschaft einfingen und an ihren Rändern auflösten. Wenn es darum ging, sich ein Ziel zu suchen oder ins Blaue zu fahren, und Wind und Motorengeräusche alle Worte überflüssig machten. Wenn nur das Netz aus Straßen Bedeutung hatte, das die Landkarte überzog, feine Gitterlinien, die ihn über Flüsse und Berge trugen – und es war ihm allemal genug, auch wenn sie ihn noch nie über eine Ländergrenze hinweg getragen hatten. Er hatte Freunde, die die Grenzen ihrer Welt nicht so leicht hinnehmen konnten.

Am frühen Nachmittag kamen sie in Constanţa an. Sie aßen fangfrischen Fisch am Hafen, der ihr schmeckte und ihm zu salzig war. Sie bestellten russischen Tee und Bison-Wodka, und Liane sagte, dass im achten Jahr nach Christus der Dichter

Ovid hierher verbannt worden war, als dies noch eine griechische Siedlung namens Tomis gewesen sei. Sie sahen aufs Meer, dorthin, wo die Strahlen der Sonne das Blau in helles Quecksilber verwandelten, beobachteten Fischkutter und Passagierschiffe, Urlauber und Einheimische. Dann fuhr Vicco die Küste entlang, bis sie eine verlassene Bucht fanden. Liane lief barfuß über den Strand, zog ihre Bluse über den Kopf, streifte Rock und Unterhose ab, ließ alles achtlos in den Sand fallen und rannte ins Meer. Als ihr das Wasser bis zur Hüfte ging, hob sie die Hände und tauchte. Er folgte ihrer Spur, versuchte, sie nicht aus den Augen zu lassen, während er ihre Kleidung aufhob, sie achtsam neben seine und zuletzt einen Stein darauf ablegte. Sie schwammen so weit hinaus, dass der Trabi ein kleiner grüner Fleck wurde, trieben als „Toter Mann“ und „Tote Frau“ (auf dieser Unterscheidung bestand Liane) auf dem Wasser, bis ihnen kalt wurde, und als sie wieder zurück in der Bucht waren, bettete er sie in die Windstille eines Felsens und küsste ihr das Salz von der Haut. Sie setzte sich auf ihn, und er würde nie vergessen, wie leicht sie sich an diesem Tag auf ihm bewegte, wie der Sand auf ihrer Haut haftete, wahllos verstreute Sommersprossen, wie lang und anmutig ihr Hals war, das vorgestreckte Kinn, die dunklen Höhlen ihrer Nasenflügel, die Augen Wimperntierchen, und die Schultern zwei Hügel, auf denen sich die Sonne spiegelte, während er ihre Hüften mit den Händen umfasste und sich wünschte, sie würde nie wieder aufhören.

Als sie abends zurückfuhren, versuchte sich der preisgegebene Mond, hinter Wolken zu verbergen. Er mochte sich daran gewöhnt haben, dass die Menschen Nacht für Nacht zu ihm hinaufschauten; jetzt, da er sie aus der Nähe kennengelernt hatte, war es ihm vielleicht genug.

Für das erste Lebewesen im All waren die Russen verantwortlich gewesen. Die Mischlingshündin Laika, oder auch Limontschik genannt – was Zitrönchen hieß und ein viel schönerer Name für den „unwahrscheinlichen Fall eines Hundes im Weltall" war, wie Liane befunden hatte –, ein kleiner Streuner aus Moskau, hatte den Orbit bereist. Jetzt hatten die Amerikaner die Nase vorn, und Vicco fragte sich, was in Zukunft noch alles möglich sein würde. Das einzige, das er außer der Zeitung las, war Perry Rhodan. Seit das erste Heft 1961 erschienen war, hatte er keine Ausgabe verpasst. Für jede weitere Beschäftigung, die mit Buchstaben zu tun hatte, fehlte ihm die Geduld. Es faszinierte ihn, wie die Science-Fiction-Hefte seine Gegenwart einfingen und die Möglichkeit eröffneten, dass sich die Zukunft genau so entwickeln würde. Auch bei Perry Rhodan waren es die Westmächte, die den Wettlauf zum Mond gewannen.

Das Zitrönchen hatte den Ausflug ins All nicht überlebt. Aber es war dem aschgrauen Planeten, der allen weismachen wollte, er sei silbern, näher gekommen. Gestern waren Menschen auf dem Mond gelandet, und eines Tages würde das womöglich keine Sensation mehr sein. Die Grenze dessen, was bekannt war, würde sich weiter ausdehnen, doch nie würde davon mehr vorhersagbar sein, als die Lichtkegel seines Wagens in diesem Moment von der Straße erfassten. Die Dunkelheit dahinter blieb immer gleich tief.

Das galt auch für sein eigenes Leben. Wer konnte wissen, welcher Schritt, welche Entscheidung ausschlaggebend war, eine Weiche stellte, die woanders hinführte als alle anderen Wege? Möglicherweise war dieses monotone Dahingleiten durch die Nacht entscheidend. Vielleicht hatte der Ausflug ans Meer etwas bewirkt, zwei Teile, die auseinanderstrebten, ineinandergefügt. Er sah zu Liane, die am Steuer saß, und dachte, dass die Zeit mit ihr solche kleinen Fügungen bewirkte, die sie, je mehr sie davon anhäuften, immer näher zusammenbrachten.

Liane unterbrach seine Gedanken und fragte, ob seine Mutter sich zu seinem Geburtstag angekündigt habe. Vicco zuckte zusammen. Bemerkte sie es? Liane legte ihre Hand flach und warm auf seinen Oberschenkel. Es hatte die gewünschte Wirkung. Er entspannte sich augenblicklich, führte ihre Hand jedoch mit einer entschiedenen Geste zurück ans Lenkrad.

„Ich wüsste nicht, dass sie kommen wollte. Schließlich hat sie auch die letzten Jahre mein Geburtstag nicht interessiert."

„Stimmt das, Vicco?"

Er schwieg.

„Ich würde mich freuen", sagte Liane.

Liane hatte seine Mutter an Weihnachten kennengelernt. Dass die Frauen sich auf Anhieb verstanden, hatte ihn nicht überrascht. Henriette belegte die Leute mit einem Bann, sie schwärmten von ihr, wollten sie wiedersehen, taten, als ob sie sie kannten, etwas von ihr wussten – dabei wussten sie gar nichts. Sie waren so von ihrem Äußeren eingenommen, dass ihnen gar nicht auffiel, dass Henriette nichts über ihr Inneres preisgab. Wenn er Bilder aus ihrer Jugend sah, fragte er sich, ob es auch nur einen Mann gegeben haben konnte, der ihr nicht verfallen war. Dabei machte sie keine große Sache aus ihrer Schönheit. Sie kleidete sich mit einer schlichten Eleganz, die man sonst nicht zu sehen bekam, zumindest nicht in Hermannstadt. Sie lebte in Bukarest, mit irgendeinem Mann, dessen Namen zu merken sich Vicco weigerte. Aber es war nicht nur ihr Äußeres, das in Erinnerung blieb, es waren ihre Weltoffenheit, ihre Neugier und ihr Interesse. Sie war die einzige Mutter, die er kannte, die sich für die Musik seiner Generation interessierte, sie hörte Johnny Cash und Bob Dylan, trug Plateau-Schuhe zu weiten Schlaghosen und schulterlange Haare, die sie am Hinterkopf toupierte. Kaum einer bemerkte ihre Getriebenheit. Sie war rastlos, Routine nahm ihr die Luft zum Atmen. Mit ihr gab es keine Langeweile, aber auch keinen Alltag.

Er erinnerte sich an ihre Angewohnheit, die Möbel in der Wohnung umzustellen. Auch sein Zimmer blieb nicht verschont. Er würde nie vergessen, wie es war, von der Schule nach Hause zu kommen, die Tür aufzumachen und im ersten Moment nicht zu wissen, was nicht stimmte. Als blickte er durch einen Zerrspiegel, in dem die Dinge durcheinandergeraten waren. Das Bett stand woanders, auch der Tisch, die Kommode und das Regal. Selten der Schrank, weil er schwer von der Stelle zu bewegen war.

Er konnte sich an die Fremdheit erinnern, die ihm durch die Haut drang, an das taube Gefühl in den Fingerspitzen, das die verrückten Möbel verursachten. Sie führten ein Eigenleben, verhöhnten ihn, der die Ordnung der Dinge brauchte. Er hatte jedes Mal das Gefühl, er müsse in seinem Zimmer ein völlig neues Leben beginnen. Es saß sich anders am Schreibtisch, wenn der Blick nicht zum Fenster ging. Es war ein Unterschied, ob das Bett von der linken oder rechten Wand eingefasst war. Wenn er nachts aufstand, um aufs Klo zu gehen, fand er die Tür nicht. Er suchte nach dem Lichtschalter, und es war ihm zum Weinen zumute, wenn seine Hände die Wand abtasteten, wo eigentlich die Zimmertür sein musste.

Henriette – er weigerte sich, sie Mutter zu nennen, weil es sie verletzte – hatte ihm nicht einmal sagen können, oder sagen wollen, wer sein Vater war. Sie war nie verheiratet gewesen, doch an Männern hatte es nicht gemangelt. Ersatz-Väter, die sich aufgedrängt oder ihn ignoriert hatten. In Talmesch, wo sie aufgewachsen war, war das ein Skandal, und auch für Hermannstadt in den vierziger und fünfziger Jahren. Sie fasste den Entschluss, nach Bukarest zu ziehen, als er vierzehn war, und bekam, was alle wunderte, gleich eine Wohnung zugeteilt. Vicco weigerte sich fortzugehen. Sein Protest ging so weit, dass er sich die Haare abrasierte. Sie war über seinen blank polierten Schädel hinweggegangen, wie sie generell über seine Rebellion hinweggegangen war, als gäbe es nichts, womit er sie überraschen könnte. Allein ihre Schwester Luise war schockiert gewesen und hatte vorgeschlagen, dass Vicco, um bei seinen Freunden und auf seiner Schule zu bleiben, bei ihr wohnen könne.

Er war froh, dass es so gekommen war. Was hätte er sonst machen sollen? Mit Anna-Tante, die in

Kronstadt lebte, war er nie zurechtgekommen – eine Antipathie, die er mit seiner Mutter teilte. Lilli, die Mutter von Lissy und Elfe, war in den Kohlegruben der Sowjetunion gestorben, weil die Verwechslung von Partei- und Volkszugehörigkeit es nach dem Krieg möglich gemacht hatte, eine ganze Generation zu verschleppen.

Wenn sein Weg ihn an dem letzten Haus in Talmesch, dem großen, inzwischen grün gestrichenen Hoftor vorbeiführte (was oft geschah, da die Straße Richtung Roter-Turm-Pass für ihn zu den schönsten Motorradstrecken gehörte), versuchte er sich die Kindheit seiner Mutter vorzustellen. War sie oft am Ufer des Zibins entlangspaziert, der bei Talmesch in den Alt mündete? Die Landschaft bestand hier nur aus Linien – die Wasserlinien der Flüsse, das Band der Wiesen, die gezackte Tannengrenze des Waldes, die gräulich-blassen, aufsteigenden Linien der Karpaten. Sie verschoben sich, hielten Abstand, gingen ineinander über oder flossen aufeinander zu, je nachdem, woher man kam.

„Eine Mutter sieht in dir alles, was du je gewesen bist“, hatte Henriette einmal zu ihm gesagt.

„Leider gilt das nicht gegenseitig“, hatte er erwidert.

Er wusste kaum etwas über die Zeit, in der die Schwestern noch zusammenlebten, oder über seine Großmutter Alma, die vier Jahre nach seiner

Geburt gestorben war. Henriette erwähnte nur den Garten ihres Großvaters, als habe es keinen anderen Ort für sie gegeben. Er wusste nichts über die Jahre, in denen alles auseinanderfiel. Anna und Lilli waren nach Russland deportiert worden. Anna kam nach fünf Jahren zurück, Lilli nicht. Luise blieb verschont, weil sie im Januar fünfundvierzig mit einer Lungenentzündung im Spital lag. Und Henriette? Es hieß, sie habe sich in den Bergen versteckt. Wo und wie lange, davon sprach niemand. Manchmal kam es ihm vor, als lebten die drei Schwestern mit gutem Grund in verschiedenen Städten, als würden sie ihr Zusammentreffen meiden, weil ihnen jedes Mal vor Augen geführt wurde, dass eine fehlte.

Die letzten Kilometer übernahm Vicco das Steuer. Wieder zurück in Hermannstadt, setzte er Liane an ihrer Wohnung ab, hielt auf dem Markt und kaufte eine Wassermelone.

„Die ist aus Constanţa“, sagte er zu seiner Tante.

„Die ist vom Markt“, erkannte sein Onkel.

„Stimmt“, sagte Vicco lachend. „Ich habe dir das hier mitgebracht.“ Er legte eine große, spitz zulaufende Muschel in die geöffnete Hand seiner Tante.

Luise strich ehrfürchtig über die vollkommene, sich nach oben verjüngende Spirale.

„Ich habe mir Sorgen gemacht.“

„Ich weiß“, sagte Vicco und umarmte sie.

„Ohne Auto könntest du nicht so spontan sein“, sagte sein Onkel. „Früher wäre so was kaum möglich gewesen.“

„Früher war es nicht anders“, antwortete Vicco. „Wenn mein Urgroßvater die Idee gehabt hätte, ans Meer zu fahren, hätte er sich eben ein Floß gebaut.“

Er konnte nicht sagen, wie lange er Frido und Marcella nicht gesehen hatte. Jetzt, da Frido vor ihm stand, schämte er sich der Tage, an denen er nicht einmal an ihn gedacht hatte.

„Wie geht es dir, mein Freund“, sagte dieser zur Begrüßung, ohne die Spur eines Vorwurfs.

„Gut“, sagte Vicco, wie man „gut“ sagt, wenn einem hundert andere Dinge durch den Kopf gehen.

Frido sah mitgenommen aus. Er war immer schlank gewesen, jetzt war er regelrecht dürr. Seine Augen waren eingesunken und irgendetwas war mit seiner Nase passiert. Vicco versuchte, nicht zu starren. Wenn er sich unbeobachtet glaubte, wanderte sein Blick zu ihm, zu dem eingefallenen, blassen Gesicht, das dennoch eine unwahrscheinliche Warmherzigkeit ausstrahlte.

Frido war aus dem Gefängnis entlassen worden. Die Geheimpolizei hatte ihn am helllichten Tag in seiner Wohnung aufgesucht, mit der Bitte, ihn „für die Dauer eines kurzen Informationsgesprächs“ zu begleiten. Es hieß, er habe Gedichte eines geflohenen Schriftstellers in seiner Wohnung versteckt. Säckeweise wurden Papiere und andere verdächtige Dinge mitgenommen. Danach hatten sie monatelang nichts von Frido gehört. Niemand wusste, warum sie auf ihn gekommen waren oder wo er steckte. Sie hatten ihn nicht eingeschüchtert, ihm keine Warnung zukommen lassen. Kein Vorspiel mit der Angst. Jetzt war er wieder auf freiem Fuß, was an ein Wunder grenzte. Auch eine Untersuchungshaft konnte Jahre dauern.

Vicco hätte sich um Marcella kümmern sollen. Die Art, wie Marcella ihn begrüßte, zeigte, dass sie das ebenfalls dachte. Sie war auch blass geworden, bemerkte er, aber immer noch wunderschön.

Er wandte sich ab, um Feuer zu machen, suchte trockenes Holz und eine Stelle, an der bereits Feuer gemacht worden war. Er mochte es nicht, wenn eine Feuerstelle neben der anderen angelegt wurde und die Uferwiese verschandelte, ein schadloses Grün unter blauem Himmel. Der Bach führte viel Wasser. Die Luft war kühler als in der Stadt. Es gab nur wenige Orte, an denen er einen ganzen Nachmittag verbringen konnte, nicht das Gefühl hatte, gleich wieder weiter zu müssen, auf sein Motorrad, wo er mit einer Drehung der Hand die Welt an ihren verwischten Rändern fassen konnte. Vielleicht lag es daran, dass diese Treffen nie geplant waren, nur vage fürs Wochenende angedacht, ohne Zwang und Verpflichtung. Alle brachten etwas mit: Fleisch, Gemüse, Brot, Schnaps, Decken und Kartenspiele. Sie waren mit zwei Autos unterwegs, in seinem Trabi zu sechst. Noch nie war er so langsam gefahren, alle Fensterscheiben unten, ineinander verschlungene Arme und Beine im Rückspiegel.

Es gab für diese Stunden keinen Plan, sie füllten sich von selbst. Das Blau sickerte darin ein, das Grün der Wiese und der Berge, der Wind, die Stille, die sie umgab. Das Feuer brannte, wurde zur Glut, das Fleisch auf dem Rost gar. Vicco setzte sich etwas abseits und aß. Er vermisste Liane, die mit ihrer Familie den Namenstag ihrer Großmutter feierte. Vielleicht war es aber auch nur Fridos Anwesenheit, die ihn beschäftigte. Er fühlte sich schuldig, da ihn das Schicksal des Freundes nicht auf die Art und Weise beschäftigt hatte, wie es sollte.

Der Urheber der Gedichte war, in einem LKW versteckt, nach Deutschland geflohen. Für einen Fluchtversuch aus der sozialistischen Republik gab es fünf bis sieben Jahre. Die Manuskripte des Autors waren bei verschiedenen Freunden deponiert worden. Frido sollte einige Gedichte verwahren, bis sich eine Möglichkeit fand, sie sicher außer

Landes zu bringen. Jetzt waren sie verloren und Fridos Nase zeigte, wie es ihm im Gefängnis ergangen war. Dabei hatte er noch Glück. Andere waren für weitaus geringere Vergehen über Jahre nicht aus dem Gefängnis herausgekommen oder gar nicht mehr aufgetaucht. Es brauchte keine Beweise, die meisten Gerichtsverhandlungen waren Schauprozesse, die Strafen standen schon vorher fest.

Niemand konnte sagen, was Frido zu erwarten hatte. Das Gefühl der Sicherheit war fort. Ein Klopfen an der Tür, ein vorbeifahrendes Auto, das seine Fahrt verlangsamte, würde nie wieder das sein, was es vorher war. Frido hatte einen Schritt in jene Schattenwelt gewagt, die die meisten gut verdrängen konnten. Er war ein anderer geworden und würde nie wieder mit derselben Unbeschwertheit zu ihnen gehören – was Vicco nicht bedachte, war, dass es auch vorher keine Sorglosigkeit für Frido gegeben hatte.

Er bemerkte Marcella erst, als sie neben ihm saß. Die unvermittelte Nähe verursachte ihm Unbehagen. Sie trug ein weißes, besticktes Kleid aus dem durchscheinenden Stoff der rumänischen *Ie*. Ihre Arme waren weiß wie Schnee – wie immer fielen ihm die Worte aus dem Märchen ein –, schwarz wie Ebenholz ihre Haare. Marcella war die einzige Rumänin in ihrem Kränzchen, und sie war die einzige Frau, die ihn verlassen hatte, nicht umgekehrt.

„Wo warst du all die Wochen?“, fragte sie ohne Umschweife. Wo warst du, als sie ihn abführten, als sie unsere Wohnung durchsuchten, als ich alleine war? Wo warst du, als ich versucht habe, etwas über seinen Verbleib herauszufinden und vor Sorge fast umgekommen bin? Vicco konnte sich vorstellen, dass die Liste dessen, was sie ihm vorwarf, lang war.

Er setzte auf einen Gegenangriff: „Was hat ihn dazu gebracht, etwas für jemanden zu verstecken, der euch wahrscheinlich längst mitsamt dem Geschreibsel vergessen hat? Frido hat auch dich damit in Gefahr gebracht und wer weiß wen noch.“

Sie kannten die Spielregeln: Du weißt von nichts, es geht dich nichts an, die Partei hat recht. Drei einfache Regeln, mit denen man auch im Kommunismus ein gutes Leben führen konnte. Allem, was sie taten, was sie sagten, ja, was sie dachten, musste ein sozialistischer Anstrich gegeben werden. Ein wenig rote Farbe über alles, das war, besonders als Minderheit, ihre einzige Überlebenschance.

Marcella wechselte ins Rumänische. „Sie haben ihm gesagt, ich sei tot. Frido hat all die Monate glauben müssen, ich sei tot.“

Vicco sah sie entsetzt an.

„Sie haben ihm eine Woche nach seiner Verhaftung mitgeteilt, dass ich ‚bedauerlicherweise‘ einen Verkehrsunfall hatte. Dann wurde das Verhör zwei Tage ausgesetzt, als wollten sie damit ihre Menschlichkeit unter Beweis stellen."

Jetzt müsste er sagen, dass es ihm leid tat. Dass er für sie da hätte sein sollen. Dass das, was sie erdulden musste, unverdient war, unverhältnismäßig, grausam. Marcella sah nicht aus, als ob sie Trost brauchte, aber Vicco kannte sie. Wenn es am wenigsten danach aussah, brauchte sie ihn am meisten.

Vicco versicherte sich, dass Frido abgelenkt war, dann umarmte er Marcella. Ihre Haare trugen den Geruch des Feuers.

„Es ist ein Glück, dass er wieder frei ist. Das Manuskript und die Briefe waren doch bei euch."

„Ja? Waren sie das?" Marcella zündete sich eine Zigarette an. Ihr Gesicht verriet nichts.

Vicco hob einen silbrig glänzenden Stein auf und drehte ihn in den Händen.

„Ihr setzt eure Zukunft wegen ein paar Gedichten aufs Spiel …"

„Es sind nicht nur *ein paar Gedichte*", sagte Marcella, und das erste Mal an diesem Tag wich die Anklage aus ihrem Blick.

Henriette war eines Morgens einfach da.

Sie lehnte im Türrahmen der Küche, als Vicco die Treppe herunterkam. Sie trug ein bodenlanges orange-braunes Kleid, hochgeschlossen und ohne

Ärmel. Ihn durchfuhr der Gedanke, dass er sich wünschte, sie würde sich kleiden wie die anderen Mütter, die er kannte.

Sie umarmten sich, und Vicco musste aufpassen, dass ihn der vertraute Duft seiner Mutter nicht überwältigte, die Weichheit ihrer Berührung und die Vorsicht, mit der sie ihn ansah.

Er fragte, ob sie etwas trinken wolle.

„Ich bin hier nicht fremd“, sagte sie. „Ich weiß mir zu helfen, wenn ich Durst habe.“

Nach ein paar erfolglosen Versuchen, ihn mit seiner Mutter in ein Gespräch zu verwickeln, bat Luise ihn, den Tisch im Hof vorzubereiten. Vicco war erleichtert, das Haus verlassen zu können. Wenn sie zurückkam, herrschte dieses Schweigen zwischen ihnen, kam ihm alles, was ihm durch den Kopf ging, banal vor, hatte er alles vergessen, was er ihr sagen wollte. Er fegte den Boden, wischte über den Holztisch und die Stühle in der Laube, die sie wegen des Regens einige Zeit nicht benutzt hatten. Der Zibin war über die Ufer getreten, der höchste Wasserstand seit zwanzig Jahren. Heute war der erste klare Morgen. Vicco suchte die Schlüssel seines Wagens.

„Du willst doch nicht gehen?“

Die Bestürzung in Luises Stimme ließ ihn von seinem Plan absehen. Er zuckte mit den Schultern, ergeben, und mit dem Vorsatz, gleich nach dem Frühstück zu verschwinden.

Die meiste Zeit redete Luise, selbst sein Onkel sprach für seine Verhältnisse viel. Vicco und Henriette wechselten Blicke, immer dann, wenn sie meinten, der andere sähe es nicht. Seine Mutter fragte ihn über die Arbeit aus, dann, wie es seiner Freundin gehe, und schlug vor, dass sie am Sonntag alle zusammen abendessen sollten.

„Wir wollten grillen", sagte Horst-Onkel.

„Du bleibst bis Sonntag?", fragte Vicco und bemerkte zu spät, wie unfreundlich das klang.

Natürlich blieb sie bis Sonntag, es war sein Geburtstag. Luise buk Ischler und Zitronenschnitten, Horst spritzte die Bodenplatten des Innenhofs ab und lieh sich zusätzliche Gartenmöbel von den Nachbarn. Das Haus wurde geputzt und eine Girlande an der Tür zu seinem Zimmer befestigt. Vicco bemerkte, wie Henriette eine Weile davorstand und über die Wimpel strich. Zwischen ihnen hatte es nie ein Ritual gegeben, es gab keine Wiederkehr für Dinge, die sie gemeinsam taten.

In der ersten Nacht, in der Henriette zurückgekommen war, hatte er einen Traum. Ein Zug hielt vor dem Zimmer, in dem seine Mutter schlief. Kaum mehr als ein Meter trennte die Fahrgäste von den Fenstern, die unnatürlich groß waren, als bestünde eine Seite des Zimmers aus Glas. Die Reisenden beobachteten, wie Henriette schlief, nah am Bettrand, ihr Arm war unter der Decke herausgerutscht, die Fingerspitzen berührten den Teppich. Vicco flüchtete vor den neugierigen Blicken auf den Balkon und sah, dass der Zug mitten auf einem Viadukt angehalten hatte. Es war neblig, die Pfeiler verschwanden in einer uneinsehbaren Tiefe. Trotz der Dunkelheit erkannte er, wie die Tür des Lokführers aufging und eine Gestalt in einem weißen Anzug ausstieg. Der Mann in Weiß sah zu Vicco, nickte ihm zu, als gelte ein Einvernehmen zwischen ihnen, dann trat er an den Abgrund und sprang.

Vicco machte sich nichts aus Träumen, aber der Mann in dem Anzug ging ihm nach. Er dachte an die fallende Gestalt, wie sie sich in der Tiefe aufgelöst hatte, an den weißen Arm seiner Mutter, ihren Kopf auf dem Laken, der die Bettkante berührte. Der Mann hatte ihn angesehen, als wüsste Vicco, warum er springen musste, als suche er sein Einverständnis.

Henriette überreichte ihm zum Geburtstag eine Jeans mit eingesetztem Stoff und zwei schmalen Kettchen an den Hosenbeinen. Dazu eine Stange roter Kim-Zigaretten. Er zog die Jeans gleich an. Seine Freude schenkte ihnen den ersten unverkrampften Moment, seit sie zu Besuch war. Wie sie an eine Jeans aus Deutschland gekommen war, blieb ihr Geheimnis.

Nach dem Mittagessen verließ er mit seinem Onkel das Haus. Das war sonntags schon immer so gewesen, Geburtstage waren keine Ausnahme.

Luise beging den „Kleinen Sonntag“. Eine Gruppe Frauen wurde zu Kaffee und Kuchen eingeladen, das gute Geschirr kam zum Einsatz, ebenso Sherry und *Pálinka*, und Männern war es verboten, sich in der Nähe aufzuhalten. Am besten, sie blieben ganz fort. Früher waren sein Onkel und er in den Zoo gegangen oder ins Schwimmbad, hatten Freunde besucht, die, dank Luises Protokoll, ebenfalls frauenlos waren. Heute ging Horst zum Schachspiel in den Park, nachdem er halbherzig gefragt hatte, ob seine Gesellschaft erwünscht war, und Vicco holte Liane ab. Was wäre ein Geburtstag, ohne auf dem Motorrad gewesen zu sein.

Es war ein Tag nach seinen Vorstellungen. Keine Wolke am Himmel. Windstille. Auf den Straßen spiegelnde Hitze. Er fuhr am Zibin entlang – es war ein Tag für den Fluss. Andere Tage gehörten den Bergen, wiederum andere dem hügeligen Hinterland, wo jetzt bereits das Korn eingeholt wurde. Er versuchte, nie zweimal hintereinander dieselbe Strecke zu fahren. Er wusste, wo Büffelherden die Straßen blockieren konnten, wann er mit Gänsen und Schafen rechnen musste. Wo die Sonne am Morgen stand und wo sie am Abend die Schatten längte. Überhaupt der Sommer. Für ihn die einzig gültige Jahreszeit. Herbst, Winter und Frühling waren nur Beigabe, unerheblich, nebensächlich. Um dies zu unterstreichen, verzichtete er in den kalten Monaten auf einen Schal, eine Mütze und dergleichen. Ob er nicht fror, wurde er gefragt. Er schwieg sich darüber aus. Lieber fror er, als dass der Winter zu seinem Recht kam. Die warmen Monate galt es zu halten, Vicco wollte so viel wie möglich von ihrer Kraft aufnehmen, damit er über den Herbst und Winter kam.

Der Zibin führte noch immer viel Wasser. Radfahrer und Autos fielen hinter ihnen zurück, lautlos – er hörte nur das Rauschen des Fahrtwinds, spürte Lianes Gewicht an seinem Rücken, und wenn ihn jemand gefragt hätte, woran er dachte, dann hätte er nicht sagen können, woran.

Ab sieben Uhr trafen die Gäste ein. Seine Kusinen Lissy und Elfe waren schon seit dem Kleinen Sonntag im Haus. Simon, ihr Vater, stieß später dazu. Er brachte, wie Vicco es sich gewünscht hatte, seine Gitarre mit.

Vicco hatte nur wenigen Freunden Bescheid gegeben, da die Nachricht eines *Keffs* ohnehin die Runde machen würde. Als er sah, wie viele es waren, wusste er, dass sich die Anwesenheit seiner Mutter herumgesprochen hatte. In ihrem nachtblauen Seidenkleid und dem hochgesteckten Haar sah sie aus wie ein Filmstar. Sie schenkte Wein aus, unterhielt sich mit seinen Freunden und rauchte, mit jener anmutigen Bewegung, die den blauen Ring an ihrer Hand aufblitzen ließ, den sie immer trug, ganz gleich, ob sie ausging oder zu Hause war.

Es kam überdies, wie er befürchtet hatte: Sobald alle mit Getränken versorgt waren, widmete sie sich Liane. Sie lachten viel und saßen so nah beieinander, dass sich ihre Knie berührten. Vicco konnte nichts dagegen tun, er fühlte sich ausgesperrt, überflüssig, und es half auch nicht, zu wissen, dass seine Mutter nur versuchte, die Frau näher kennenzulernen, die, wie sie rasch erkannt hatte, besser zu ihm passte als alle anderen Frauen vor ihr.

Das Hoftor ging auf, und Vicco erschrak im ersten Moment, als er Marcella und Frido erkannte.

„Ich hoffe, es ist in Ordnung“, sagte Frido. Es gab nicht wenige aus dem Freundeskreis, die seine Gesellschaft mieden.

„Du hast dich ja wohl umgesehen, ob dir jemand gefolgt ist, oder?“, flüsterte Vicco. Die beiden tauschten einen besorgten Blick, dann bemerkten sie Viccos Lächeln.

Vicco legte den Arm um Frido und führte ihn zu seinem Onkel am Grill. Er sah, wie Liane Marcella musterte.

„Du hast mir nicht erzählt, wohin sie dich gebracht haben.“

„Ins Securitate-Gefängnis bei Kronstadt“, sagte Frido und ließ sich zwei *Mici* geben. „Glaub mir, kein Ort, den ich wiedersehen möchte.“

Vicco nickte, als habe er auch nur die geringste Vorstellung von dem, was Frido erlebt hatte.

„Wie kam es zu deiner Freilassung?“

„Ich weiß nicht. Eines Morgens haben sie mir meine Kleidung überreicht und mich ans Tor begleitet. Einer der Aufseher hat mir als Abschiedsgruß einen Tritt in den Hintern verpasst, und dann stand ich auf der Straße.“

Vicco zeigte seinem Freund, wo er sich mit Brot, Senf und Salat bedienen konnte. Es gab viel, was er ihn hätte fragen können. Er hatte noch nicht erfahren, wie die Anklage lautete. Es brauchte keine Tathandlung, eine Gesinnung reichte, die man als sächsisch-nationalistisch auslegte. Vicco fragte sich, ob sein Freund rehabilitiert oder ob noch etwas zu befürchten war, und wusste doch, dass sie alle unter Generalverdacht standen. Liane hatte in der Bibliothek nach einer Zeitschrift gefragt, die in Deutschland erschien, und die Bibliothekarin, die sie mochte, hatte sie gewarnt, dass jede Ausleihe dieses Titels der Geheimpolizei gemeldet wurde.

Es war ein warmer Sommerabend und Vicco beschloss, die Sache auf sich beruhen zu lassen. Nachdem Simon-Onkel ihm ein Geburtstagsständchen gespielt hatte, rückte Vicco den Plattenspieler in seinem Zimmer ans Fenster. Der Platz vor dem Schuppen wurde zur Tanzfläche umfunktioniert, der Innenhof, die Nachbarschaft, vielleicht das ganze Viertel, mit Creedence Clearwater Revival beschallt. Vicco gesellte sich zu Luise. Sie hielt ihr Glas zu, als er ihr einschenken wollte. Schon zwei Nachfragen reichten, und sie trank mit ihm. Sie kniff die Augen zusammen, was sie, mit der gekräuselten Nase und den weißen Haaren, den Vögeln immer ähnlicher werden ließ, die sie jeden Morgen fütterte. Vicco vermutete, dass sie schon eine Weile nicht mehr gut sah, doch sie konnte es sich so einrichten, dass sie dadurch kaum eingeschränkt wurde. Nur vor dem Fernseher rückte sie ganz nah heran, und am Abend brannten mehrere Lichter im Haus, weil die Dunkelheit sie mehr denn je ängstigte.

Er mochte ihren Blick auf die Welt, der sich ungehindert mitteilte, wenn sie ausgelassen war. Die Dinge um sie herum wurden lebendig – oder waren es immer, nur die anderen bemerkten es nicht? Luise kannte ihr Eigenleben. Es konnte sein, dass ihre Mutter Alma an einem Tag wohlwollend, an dem anderen böse im Bilderrahmen dreinschaute. Oder dass die Schöpfkellen ihre Füße im Spülbecken badeten, wenn sie sich unbeobachtet glaubten. Jetzt amüsierte sie das „Angeziehsel" ihres Mannes, dessen Kleidung, allen Bemühungen zum Trotz, so aussah, als habe sie zuvor schon jemand anderes getragen.

Henriette unterhielt sich mit Frido. Sie saßen abseits auf der Bank unter dem Flieder und erweckten den Eindruck, als würden sie einander kennen. Vicco beschlich ein ungutes Gefühl. Er hätte gern gewusst, wie lange sie schon beieinander saßen und worüber sie sprachen. Er ging zur Tanzfläche. Liane kam auf ihn zu und küsste ihn.

„Ich sehe es dir an."

„Was?"

„Alles", sagte sie lachend.

Eine Frau wurde nach Hause begleitet, egal wie spät es war. So kam es, dass Vicco um vier Uhr mit Liane durch die Straßen Hermannstadts ging, durch den Park, über die Zibinsbrücke zum Ursulinenkloster, in dessen Nähe sie sich eine Wohnung mit anderen Frauen vom *Päda* teilte. Der Mond war noch immer verstimmt. Er schwankte durchscheinend am Himmel. Liane hatte sich bei Vicco eingehakt, und auch sie schien zu schwanken. Er musste sie festhalten und vor den Löchern im Asphalt warnen, die sie sonst auch im Dunkeln vorhersehen konnte.

„Streite dich nicht", sagte Liane zum Abschied. „Ich mag sie."

Ihm war dies unnötig vorgekommen. Wieder zu Hause, sah er, dass noch jemand in der Laube saß. Das Glimmen einer Zigarette, die einen weiten Bogen beschrieb. Henriette rauchte mit angewinkelten Beinen. Er fragte, ob sie auch für ihn eine habe.

Sie befeuchtete die Finger und zog eine Zigarette aus ihrer Packung hervor. Warum sie immer noch Streichhölzer benutzte, war ihm schleierhaft.

„Vicco, ich habe die Papiere bekommen."

In ihrer Äußerung gab es nur ein zentrales Wort – Papiere –, und doch brauchte Vicco lange, bis sich ihm der Sinn erschloss. Wie leicht ließ sich sagen: Streite dich nicht. Ich mag sie. Es war leicht, sie zu mögen. Vicco spürte Zorn aufsteigen, oder herabfallen, es war nicht zu bestimmen, welche Stoßrichtung er hatte, nur, dass er sich gegen beide Frauen richtete. Die eine, die ihm das geraten hatte, und die andere, die ihn erneut verlassen würde.

„In zwei Wochen fahre ich", sprach Henriette weiter, „zuerst nach Nürnberg und dann Berlin".

„Und dein Freund? Dieser …"

„Konny? Wir sind nicht mehr zusammen", sagte sie.

„Was machst du mit deinen Sachen, der Wohnung, den Möbeln, deiner Arbeit?" Vicco hatte das Gefühl, weiter fragen zu müssen, um nicht aufzuspringen und zu gehen.

„Ich habe eine Stelle in Berlin vermittelt bekommen. Ich werde wieder als Fotografin arbeiten. Und wegen der Sachen mache ich ein Fest. Jeder nimmt sich, was er brauchen kann."

Henriette war schon vielen Tätigkeiten nachgegangen, irgendwann hatte er sich ihre Berufsbezeichnungen nicht mehr merken können, wie die Namen ihrer Männer. Und natürlich würde sie aus ihrem Fortgehen ein Fest machen. Was sonst. Sie umfasste seine Hand, und es war diese körperliche Nähe, die Vicco den Rest gab.

„Warum hast du nicht gleich gesagt, dass du gekommen bist, um dich zu verabschieden, und nicht, um meinen Geburtstag zu feiern?"

„Ich wollte, dass du einen unbeschwerten Tag hast."

„Und wie unbeschwert der Rest ist, ist egal?"

„Ich werde zu Besuch kommen, mindestens zwei Mal im Jahr. Wir werden uns nicht weniger sehen als jetzt."

„Wir könnten uns auch öfter sehen als jetzt. Ist dir das schon einmal in den Sinn gekommen?"

„Nicht so laut", sagte Henriette, „Luise ..."

Vicco rückte zur Seite.

„Hast du überhaupt vor, mir etwas zum Trost zu sagen? Oder bist du nur hier, weil du mir weismachen willst, dass das, was du tust, nicht aus purem Egoismus geschieht?"

Das Akkordeonspiel hob an, vielleicht war es auch schon eine Weile dagewesen. Seit einiger Zeit ging jeden Morgen ein Mann durch die Straßen. Vicco hatte sich an das Anschwellen und Abklingen des Akkordeons gewöhnt, das den Sonnenaufgang einläutete. Er hatte sich nie daran gestört, aber in diesem Moment war es, als gelte die Musik allein ihm, und es erfasste ihn eine solche Traurigkeit, dass er den Impuls verspürte, auf die Straße zu laufen und dem Mann zu sagen, er solle aufhören. Er würde ihm alles geben, was er hatte, er solle nur aufhören.

Eine andere Stadt reichte nicht, jetzt musste es ein anderes Land sein. Es war, als wollte Henriette den Abstand zwischen ihnen immer weiter vergrößern. Er wünschte, es wäre ihm inzwischen egal. Mit einem Mal meinte er, den Schatten des Pfirsichbaums zu sehen, den es einmal gegeben hatte. Er trug weder Blätter noch Früchte, und seine kahlen Äste reichten über den Innenhof. Vicco war hinaufgeklettert, als sie ihm den Plan für ihren Umzug nach Bukarest eröffnet hatte. Er versteckte sich auf dem Schuppendach, bis ihm die Kälte zusetzte. In der frühen Dunkelheit des Winters schaffte er den Abstieg nicht mehr, verfehlte einen Ast und brach sich den Arm. Vicco sah auf den Baumschatten und kämpfte dagegen an, sich wieder wie jener Junge zu fühlen, der in der Dunkelheit seines Zimmers nach der Tür sucht.

„Ich möchte dich nicht trösten, Vicco. Ich möchte, dass du mich verstehst. Bedeutet dir Freiheit denn nichts?“

Er antwortete ohne nachzudenken: „Ich bin hier frei. Und wenn ich es manchmal nicht bin, dann bin ich hier wenigstens zu Hause.“

„Das, was du Freiheit nennst, ist die trügerische Ruhe eines Friedhofs. Über kurz oder lang wird alles, woran wir hier festhalten, fort sein. Kannst du es denn nicht sehen?“

Etwas in ihrer Stimme besänftigte ihn. Vielleicht auch das Wort „wir“. Er hatte nie den Eindruck gehabt, dass sie an etwas festhielt, dass etwas oder jemand für sie unersetzbar war. Worte hatten für sie dieselbe Bedeutung wie die Wirklichkeit. Er erinnerte sich (wie lange er nicht mehr daran gedacht hatte) an ihre Notizbücher, in denen sie ihre Gedanken und irgendwelche Berechnungen notierte. Es würde ihn nicht wundern, wenn auch jetzt Heft und Bleistift in ihrer Tasche steckten. Er dachte daran, wie sie zusammen im Museum gewesen waren und sie ihm erklärt hatte, dass es bei jedem Gemälde einen richtigen Standpunkt der Betrachtung gab. Sonst sehe man Fehler, die eigentlich keine waren. Der Arm scheine zu lang, die Nase zu spitz, der Abstand stimme nicht. Er erinnerte sich an ihre gemeinsamen Spaziergänge, auf denen Henriette alle Pflanzen in den Gärten und Blumen auf den Wiesen bestimmen konnte. An die Fundstücke, die sie nach Hause gebracht und auf ihre Beschaffenheit hin untersucht hatten: Blätter, Zweige, Blumen, Steine. Die besonders schönen durfte er behalten. Im Kleinen, so schien es, waren die Dinge für sie vollkommen.

Vicco sah seine Mutter im Halblicht der Laube an. Um die Augen fächerten sich Fältchen auf, der Lidstrich war verwischt. Auch jetzt war sie wunderschön. Er wünschte sich, dass sie irgendwann zur Ruhe kommen, den richtigen Standpunkt finden würde. Jene Perspektive, aus der die Welt für sie keine Fehler hatte.

Erneut nahm Henriette seine Hand. Diesmal ließ er es geschehen. Der Morgen brach an. Eine Katze aus der Nachbarschaft schlich über den Hof und legte sich zwischen die Minze. Der Akkordeonspieler war am Tor vorbeigegangen. Die Musik wurde leiser und war irgendwann ganz verschwunden.

Am nächsten Tag reiste Henriette ab. Erst nach Monaten erfuhr Vicco, dass sie das Manuskript, das Frido und Marcella versteckten, bei ihrer Ausreise über die Grenze gebracht und dem Verfasser in Berlin übergeben hatte.

Jetzt kann auch ich dich sehen, dachte Hedda in diesem seltsamen Zwiegespräch. Dabei war es weniger wichtig, dass sie ihn sah, sondern dass sie vom Himmel mit einbezogen, getragen, gesehen wurde, als wäre sie sein natürliches und notwendiges Gegenüber.

Wölfe und Lämmer

Hedda breitete ihr Handtuch neben einem Felsen aus, der sie vor Wind schützte und den Blick auf den Hafen freigab. Jeden Nachmittag suchte sie sich eine der Buchten aus, meist hatte sie Musik dabei. Musik verlangsamte und intensivierte das Sehen, sie verlor dann nicht so schnell die Geduld, wurde unruhig oder gab einem Gedanken nach, der ihr vormachte, dass es jetzt, in diesem Augenblick, etwas Wichtigeres zu tun gab.

Sie hörte Musik, sah auf das Schaukeln der roten, blauen und weißen Boote, das Schweben der Bojen, auf die Sturmtaucher, die wie geronnener Schaum auf den Wellen schaukelten, den schwarzen Sand, die gebräunten und ungebräunten Körper, auf die Ansammlung von Steinmännern. Täglich kamen welche hinzu und ersetzten jene, die nachts in sich zusammengestürzt waren. Jeder Stein hatte eine andere Beschaffenheit, es gab runde, längliche, kantige, kieselgraue, rotschimmernde und katzengoldhafte. Jede Figur hatte einen Charakter, es gab dürre Wegelagerer und elegante Seiltänzer unter ihnen, einen Anführer, den anderen an Größe und Ausdruck überlegen, daneben halbwüchsige Gesellen, einige Damen mit Hut. Etwas abseits standen die Kinder, kleine, zaghafte und doch vollkommene Versuche.

Das Klackern der Boote, Kinderweinen, Lachen, die Brandung, Motorengeräusche, vorbeifahrende Autos und die Megaphone mit Wahlpropaganda – nichts war zu hören. Ein kleines Mädchen drehte sich mit ihrem Sandeimer um sich selbst, eine Frau streifte ihr Bikini-Oberteil ab und legte sich auf den Bauch, eine Gruppe Teenager rannte ins Meer, ein Hund jagte einem Stock nach, der für ihn in die Brandung geworfen wurde, jeder Sonnenfleck suchte sich eine Welle, rollte auf ihr heran, sprang übermütig zu einer anderen, bis ihn der Strand auffing. Hedda spürte den Fels an ihrem Rücken, die Hitze des Sandes an den Fußsohlen, die nur durch Eingraben der Füße erträglich wurde, und bemerkte ein Paar auf der Kaimauer. Ein Mann in kurzer Hose und Sandalen und eine Frau in einem bodenlangen weißen Kleid. Es war zunächst dieses Kleid, das Heddas Aufmerksamkeit erregte. Ein leichter, fließender Stoff, in mehreren Lagen angeordnet, mit weiten Ärmeln, so dass jeder Windstoß es auffächern und der Gestalt der Frau eine andere Form geben konnte. Der Wind griff ihr unter die Arme, schob sie über die Mauer, gab ihr Weite und Zierlichkeit, spielte mutwillig alle Formen heraus, die durch die verschiedenen Stofflagen des Kleids möglich waren.

Das Paar bewegte sich in einem Tempo über die Mauer, das weder Eile noch eine Bestimmung vermuten ließ. Sie hörten nicht auf zu gehen, als verlängerte sich die Kaimauer mit jedem Schritt, als wüchse sie in den Horizont hinein und als rücke der Horizont ebenso fort. In der Klaviermusik, die Hedda hörte, kündigte sich das retardierende Moment an, jene Zurücknahme, die es meist im letzten Drittel eines Liedes gab. Aus dem Zögern löste sich ein Takt, ein entschleunigter Puls, der die Melodie wieder stärkte. Hedda wartete auf den Moment, wo aus dem Rückwärtsgewandten wieder etwas Vorwärtsgerichtetes wurde, und tatsächlich, bevor das Lied auf seinen Höhepunkt zusteuerte, gab es eine Pause.

Alles stand still, die roten, weißen und blauen Boote hielten inne, die Sonnenflecken froren auf den Wellen ein, die Möwen in der Luft, die Badenden in ihren Schwimmbewegungen, der Hund in seinem Lauf, das aufspritzende Wasser in unzähligen Perlen. In dieser Pause schien das Paar auf der Kaimauer zu verschwinden, das Blau des Himmels löste ihre Umrisse auf. Hedda selbst verschwand, es gab keine Hitze unter den Fußsohlen, keinen Felsen im Rücken, es gab keinen Ort mehr, der ihren Körper beherbergte, nicht einmal den Körper selbst. Die Musik wurde langsamer, leiser, bis sich nach einer Unterbrechung das nächste Lied ankündigte.

Das Paar war stehengeblieben. Ein Fischerboot legte an der Kaimauer an. Hedda bewunderte die

Behändigkeit des Steuermanns, der das Boot mit ungebremstem Tempo in den Hafen gefahren, in bemessenem Schwung verlangsamt und, ohne gegen die Mauer zu stoßen, exakt an der Leiter zum Stehen gebracht hatte. Der Fischer befestigte das Tau, der Mann stieg hinab, dann nahm die Frau die steile Leiter, vorsichtig das Kleid raffend. Eine Begrüßung folgte, ein Gespräch, das zeigte, dass sie sich nicht zum ersten Mal begegneten, doch kurz und förmlich genug, um eine nähere Bekanntschaft auszuschließen. Die Frau setzte sich aufs vordere Deck, der Mann blieb neben dem Fischer stehen. Obwohl sie es nicht hören konnte, meinte Hedda, das tiefe Brummen des Motors zu spüren. Sie beobachtete, wie das Boot den Hafen verließ, und sah ihm nach, bis es hinter der Kaimauer aufs offene Meer verschwunden war.

Hedda blieb, bis der Strand sich leerte und auch die Felsen, rötlich und müde vom Sonnenbad, im Schatten lagen. Sie schüttelte das Handtuch aus und klopfte sich den Sand von den Füßen, traf auf ihrem Weg José, der wieder einmal sein Fahrrad irgendwo abgestellt und vergessen hatte, kaufte Fisch und Gemüse im Supermarkt und aß auf dem Balkon. Zwischen den Gassen und Dächern ein Streifen Meerblau.

Das Inselleben bot wenig Aufregung. Sie stand jeden Morgen um acht Uhr auf, frühstückte, um neun saß sie am Schreibtisch. Hedda verfasste Buchempfehlungen für Fach- und Bibliothekszeitschriften, die ihr ab und zu ein kleines Honorar einbrachten. Und sie schrieb, seit sie auf der Insel lebte, Geschichten, die sie jedoch niemandem zeigte. Wenn es gut lief, schrieb und recherchierte sie drei Stunden, legte sich nochmals hin, und erst danach wusch sie sich und zog sich an, um den Nachmittag in einer der Buchten zu verbringen – wenn sie keine Schicht im Laden hatte.

Der Alltag war ebenso abwechslungslos wie auf dem Festland, vielleicht sogar mehr. Es gab wenig Zerstreuung, keine Museen oder Straßenbahnen, die Anonymität fremder Menschen, zwischen denen man sich verlieren konnte. Irgendwann hatte sie aufgegeben, etwas anderes sein zu wollen als ein Organismus, der Nahrung brauchte, Schlaf, Gespräche, ein wenig Zärtlichkeit, eine Beschäftigung.

Hedda liebte es, sich nach dem Schwimmen auf Sand oder Steinen auszustrecken, bis ihr so heiß wurde, dass nur erneutes Abtauchen half. Auf dem Weg nach Hause die hellen, den Hang hinauf verstreuten Steinhäuser mit ihren terrassenförmigen Gärten auszukundschaften. Den Wind auf salziger Haut. Oder mit dem Rad die asphaltierten Straßen und Schotterpisten abzufahren, den Steinen auszuweichen, die sich von den Felsen gelöst hatten, und zu beten, dass kein Stein sie treffen würde. Manche Straßen waren ungesichert, nicht einmal als öffentliche Wege ausgeschildert, dennoch zog Hedda die verlassenen Buchten den großen Stränden vor. Wenn sie an einem dieser kleineren Strände gewesen war, blieb sie jedes Mal bußfertig auf der Promenade beim Rondell stehen. Sie wollte auf das Meeresrauschen hören, das hier am schönsten war, und danken, dass sich kein Stein von der überhängenden Felswand gelöst hatte, bevor sie wieder vergaß, wenige Minuten zuvor etwas Gefährliches getan zu haben.

In den ersten Tagen, wenn sie von einem Besuch in Deutschland zurück war, empfand sie den Wind wie ein Zerren, blieb in ihrem Appartement oder suchte, wenn sie draußen war, den Windschatten. Das vielstimmige, misstönende Quaken der Frösche, die grotesken Laute der Gelbschnabelsturmtaucher, ein großes Wehklagen, das an den Felsen widerhallte, der unaufhörliche Puls der Brandung, alles war unerträglich. Mit der Zeit gewöhnte sie sich wieder an die Geräusche. An die Wellen, die seit Jahrmillionen die Steine rundeten, die Angewohnheit spanischer Busfahrer, auf den Fahrgast einzureden, egal wie lange die Fahrt dauerte und ob man antwortete oder nicht. An das Rascheln der dunkelgrauen Geckos, das im Garten jeden Schritt begleitete. Irgendwann konnte sie nicht mehr sagen, ob es laut war oder leise, geschweige denn die einzelnen Laute voneinander unterscheiden, und erst, wenn sie wieder in Deutschland war, fiel ihr die Geräuschlosigkeit auf, die Stille, die sie umgab.

Es gab viel, das gegen das Inselleben sprach. Die Distanz zur Familie, das wenige Geld, die begrenzten Kontakte. Im Supermarkt an der Kasse arbeitete José, und José war es auch, den sie am Abend in der Bar Maria wiedersah. Jeden Abend gab es eine Feuershow am Strand, Conny, die ihren Körper seit einem Jahrzehnt dem Feuer aussetzte, traf Hedda sonntags auf dem Markt. Sie hatte sich daran gewöhnen müssen, dass es Conny auch am Tag gab, ohne den Schutz des Feuers, der ihr Alter verbarg. Wenn die Frau auf dem Markt Kummer hatte, waren die Beeren matschig, weil sie sie nicht mit gewohnter Sorgfalt zupfte. Wenn der Inhaber des Fahrradladens schlechte Tage hatte, dann ergab es keinen Sinn, mit einem kaputten Fahrrad zu ihm zu kommen, weil er sich nicht bücken konnte – Sorgen fuhren ihm in den Rücken. Die Inselbewohner scherten sich nicht darum, ob sie ihre Aufgabe ausfüllten oder nicht. Es war schwer, sie auf eine Rolle zu beschränken. Wenn der Kummer kam, dann kam er eben, und die Kundschaft musste sich damit abfinden.

Warum sie dennoch blieb? Es war die Erfahrung, dass sie nicht an jedem Ort dieselbe war. Sie würde hier nicht in Versuchung sein, nur am Schreibtisch zu sitzen, länger in der Buchhandlung zu bleiben und Überstunden anzuhäufen. Sie würde hier nicht in Gefahr sein, auf einer Straßenkreuzung stehenzubleiben, die Augen zu schließen, das Hupen der Autofahrer, das Schimpfen der Radfahrer ignorierend, einfach stehenzubleiben, bis sie jemand am Arm nahm und über die Straße führte.

Am nächsten Morgen klingelte das Telefon.

„Hier ist deine Mutter."

Ein einfaches Hallo hätte auch gereicht, um mir zu dieser Erkenntnis zu verhelfen, dachte Hedda lächelnd, aber sie fragte, wie es ihr ging.

„Hedda, du musst nach Hause kommen, dein Vater ist krank."

„Unsinn", hörte sie ihren Vater aus dem Hintergrund rufen, „bleib, wo du bist".

Nachdem es noch einige Male hin- und herging (ihre Eltern hatten die Angewohnheit entwickelt, einander am Telefon, und auch sonst, grundsätzlich zu widersprechen), platzte ihre Mutter mit der Nachricht heraus, dass es sich um Krebs handelte.

Hedda räusperte sich.

„Welche Art von Krebs?"

„Prostata", rief ihr Vater aus dem Hintergrund. „Und der Krebs hat schon missioniert."

„Dein Vater will damit sagen, dass es Metastasen gibt."

Hedda spürte den unpassenden Wunsch nach einer Zigarette. Sie erkundigte sich, was die Ärzte sagten. Es musste etwas geben, was zu tun war. Einen anderen Gedanken konnte sie augenblicklich nicht fassen.

„Bestrahlung. Auf eine Chemo wird man vorerst verzichten."

„Ich verzichte gern", meinte Vicco trocken.

„Natürlich komme ich", sagte Hedda.

Es gab einen kurzen Schlagabtausch am anderen Ende der Leitung, dann übernahm Vicco den Hörer.

„Hör zu, es besteht überhaupt keine Notwendigkeit für dich zu kommen. Ich kratze schon nicht ab. Zumindest nicht in nächster Zeit."

Hedda musste unwillkürlich lachen.

„So ist's schon besser. Bleib, wo du bist, und ich halte dich auf dem Laufenden, was mein neues Haustier angeht."

Er sprach mit Nachdruck, mit einem behäbig-bestimmt rollenden „r", mit der naturgegebenen Autorität, die ihm zu eigen war. An Viccos Sätzen kam man nicht so leicht vorbei. Er sprach selten Themen an, die über den Alltag hinausgingen, doch er hatte die Eigenheit, die Dinge so zu formulieren, dass es möglich war – nur möglich, nie intendiert –, sie auf etwas anderes zu beziehen. Das hatte eine gewisse Wirkung.

Hedda versuchte sich zu erinnern, ob ihr bei dem letzten Besuch im Dezember etwas aufgefallen war. Er hatte viel Wasser getrunken. Er war stiller geworden. Er hatte, eher beiläufig, gesagt, dass er nicht mehr siebenbürgisch träume. Liane war aufgestanden, um den Gästen am Tisch nachzuschenken. Als sie bei Vicco und Hedda angekommen war, legte sie eine Hand auf seine Schulter. Hedda hatte gewartet, ob ihr Vater noch etwas sagen wollte und hielt dabei ihr Weinglas bedeckt (über die erste Verneinung wurde in ihrer Familie hinweggegangen). Es sah aus, als habe Liane vergessen, warum sie aufgestanden war, als nehme Vicco die Hand auf seiner Schulter gar nicht wahr – und doch meinte Hedda, dass ein stummes Einvernehmen in dieser Geste lag.

Hedda wusste nicht, ob Träume eine Sprache hatten. Sie konnte nicht einmal mit Bestimmtheit sagen, ob sie in ihren Träumen sprach oder jemandem zuhörte. Vielleicht ging das, was ihr Vater meinte, über Sprache hinaus. Es konnte die Art sein, wie jemand ihm die Tür aufhielt, die Hand schüttelte, wie er einem Nachbarn begegnete, die Straße überquerte – wenn man das alles überhaupt in Träumen so genau tat.

Mit der Vergangenheit abzuschließen war eine bewusste Entscheidung ihrer Eltern gewesen. Sie hatten sie vor langer Zeit getroffen. Man musste sich in der neuen Heimat einleben. Liane und Sibyllе, Heddas jüngerer Schwester, gelang es rasch, Vicco litt, und Hedda wusste nicht, nicht einmal heute, was die Auswanderung mit ihr gemacht hatte. Die Augen immer nach vorn, sagte Vicco, das Leben ist eine Einbahnstraße, wenn du glaubst, dass du wenden kannst, dann irrst du dich gewaltig.

Dieser Bann des Blicks hatte sich nun auch in die Träume geschlichen, die vertrauten Bilder gegen andere ausgetauscht. Das blasse Blau der Berge, die krustigen Schotterpisten waren fort, die Wärme der Steine am Dorfbach, die fliegenden Halme der vorbeifahrenden Heuwagen. Die Geschichten wurden weniger, in den Gesprächen, vielleicht auch in der Erinnerung. Lange war es her, dass Vicco in großer Runde erzählte, wie er ein Lamm über die Grenze geschafft hatte. Ein totes, versteht sich. Er hatte es dort verstaut, wo das Reserverad war, genauer gesagt *im* Reserverad, was zur Folge hatte, dass das Lamm, als es in Deutschland ankam, ziemlich rund war. Wie er ohne Abschluss von der Schule gegangen war und am letzten Tag hupend mit seinem Motorrad über den Schulhof fuhr, so lange, bis alle an den Fenstern standen. Wie er sich am Bahnhof von seiner Freundin verabschiedet hatte, die dachte, er würde nach Talmesch fahren, um dann heimlich den Zug zu wechseln und in Kronstadt eine „Nebenfreundin“ zu besuchen.

Vicco gab nichts darauf, ob die Dinge als richtig oder falsch galten, er wusste, wann es sich lohnte, sie zu wagen. Was man ihn auch fragte: Er hatte stets eine Antwort. Nicht nur das machte Eindruck, auch, dass er bei diesen Antworten blieb, dass sie ihre Gültigkeit nicht verloren. Er stellte etwas, das einmal entschieden worden war, nicht in Frage. Er haderte nicht mit einer Aufgabe. Doch Hedda ahnte, obwohl er sich am Telefon bemühte, es zu verbergen, dass mit dieser Diagnose auch in ihm etwas brüchig geworden war.

Wenn Vicco über etwas nachdenken wollte, stieg er aufs Motorrad. Wenn Hedda etwas beschäftigte, das sie nicht auflösen konnte, war sie versucht, ihre Gedanken zu betäuben. Sie öffnete mehrmals den Kühlschrank und sah auf die offene Weinflasche. Sie rief ihre Schwester an, die die Nachricht schon gestern erfahren hatte und gefasst klang. Im Hintergrund wie immer die Kinder, was dazu führte, dass Sibylle das Telefonat rasch beendete.

Hedda verließ ihre Wohnung und radelte am Meer entlang. Die Insel kam ihr an diesem Tag wie ein Gefängnis vor. Nach einer halben Stunde endete die Welt. Dann hieß es umkehren oder zu Fuß weiterzugehen. Die ganze Küste bestand aus kurzen Strecken, weil sich die Berge von der Inselmitte wie ein Fächer zum Meer zogen. Kaum mehr als fünfzig Kilometer Luftlinie waren es von einer Seite zur anderen. Hedda ließ das Rad stehen und ging bergauf, bis sie zu einem Feld voller Agaven kam, deren vertrocknete Blütenstände zwei Meter hoch reichten. Sie wollte weiter gehen, zum Lorbeerwald mit seinen krummen, mit Flechten bewachsenen Bäumen, in denen sich der Nebel verfing. „Die Bäume melken die Wolken", hieß es – da es selten regnete, die verlässlichste Wasserquelle. Hedda wollte immer weiter gehen, den Geruch von Rosmarin, Thymian, trockener Erde und Salz einatmen, bis zur Ostseite der Insel, wo Teneriffa lag.

Es war Zufall, dass Hedda vor zwei Jahren hierhergekommen war. Wie leicht hätte es auch eine andere Insel, ein anderes Land sein können. Sie erinnerte sich daran, wie sie sich am Hafen einem Paar angeschlossen hatte, weil die Fähre zwei Stunden Verspätung hatte und weil die beiden jene Alltagstauglich- und Selbstverständlichkeit verkörperten, die ihr abhanden gekommen war. Wahrscheinlich war sie in ihrer stillen Verzweiflung zu aufdringlich, denn die beiden waren irgendwann nicht mehr aufzufinden.

Das Fliegen war nicht schlimm gewesen. Es begann auf der Fähre, als die Küste von Teneriffa sich entfernte, mit ihr der Hafen und die Straßen, die sich die Berge hinaufzogen, und die Schwärze des Atlantiks die Insel aufnahm, als wären es nicht Straßenlaternen, helle Fenster, Leuchtreklame, sondern das Glühen erkaltender Lava. Sie löste sich von der Gischtspur der Fähre, dem Dröhnen der Motoren und dem Dieselgestank, ging vom Außendeck hinein, ins unsäglich kalte Innere und suchte sich einen Platz in der Nähe der Toiletten, wo der Wellengang zu ertragen war. Die Übelkeit nahm noch zu, als der Bus in nicht enden wollenden Serpentinen etwa eintausendvierhundert Meter hinauf und wieder auf Meereshöhe hinab fuhr. Auf dem höchsten Punkt der Insel sank die Temperatur laut Busfahrer auf zehn Grad, nach anderthalb Stunden Fahrt, im Valle Gran Rey, waren es wieder zwanzig. Hedda hatte sich, nervös und betäubt von der Reise mit Flugzeug, Fähre und Bus, den Weg erklären lassen, den Rollkoffer zu ihrem Appartement hochgezogen, die Tür aufgeschlossen, alle Fenster geöffnet und war auf den Balkon gegangen. Sie würde diesen Anblick nie vergessen, auch wenn sie danach noch viele Male den Sternenhimmel gesehen hatte. Die Europäischen Sternwarten lagen auf den Kanarischen Inseln. Ein Blick in den Himmel genügte, um zu wissen, warum.

Das ist also der Sternenhimmel, dachte sie. Ein schwarzes durchlöchertes Sieb, durch das eisklares Licht fällt. Das ist also Argos, der Wächter mit seinen tausend Augen, denen nichts entgeht. Jetzt kann auch ich dich sehen, dachte Hedda in diesem seltsamen Zwiegespräch. Dabei war es weniger wichtig, dass sie ihn sah, sondern dass sie vom Himmel mit einbezogen, getragen, gesehen wurde, als wäre sie sein natürliches und notwendiges Gegenüber.

Hedda glaubte damals, dass das Alleinsein nur ihr galt. Alle anderen, so schien es, hatten mühelos ihren Platz gefunden. Sie hatte nach zehn Jahren ihre Stelle in der Buchhandlung gekündigt und wollte sich eine Auszeit nehmen. Irgendwie war es dann La Gomera geworden, weit genug entfernt von zu Hause, doch immer noch Europa. Sie hatte ihren Haushalt aufgelöst und wenige unverzichtbare Dinge, als Pfand für ein künftiges bürgerliches Leben, im Keller der Eltern eingelagert.

„Ich wünschte, du würdest nicht gehen", hatte Vicco gesagt.

„Es ist ja nicht für immer."

Das war ihre Antwort, obwohl sie nicht wusste, auch jetzt noch nicht, ob sie der Wahrheit entsprach.

Vicco liebte seine Töchter. Es gab nichts, das er nicht für sie getan hätte: Mitten in der Nacht aufstehen, um sie von einer Party abzuholen, es mit der Wahrheit nicht so genau nehmen, wenn eine tat, als sei sie krank und könne nicht in die Schule, Zimmerwände weiß streichen, nachdem blaue oder rote Phasen zu Ende waren. Auch jetzt begleitete er Hedda bei ihren Besuchen jedes Mal zum Flughafen, selbst wenn sie, bei einem frühen Flug, um vier Uhr morgens aufstand und die Bahn gleich um die Ecke fuhr. Er nahm ihre Fehler, ihren zeitweiligen Egoismus und ihre Planlosigkeit mit Gleichmut. Hedda konnte sich nicht daran erinnern, dass er ihretwegen zornig gewesen war – wohingegen andere seine Geduld rasch aufbrauchen konnten und er sie mit schönsten rumänischen Flüchen durch den Kanal zurückschickte, durch den sie auf die Welt gekommen waren.

Sibylle hatte es richtig gemacht. Sie war verheiratet und lebte mit Mann und Kindern zwei Ortschaften von Liane und Vicco entfernt. Zum ersten Mal bereute Hedda die vielen Kilometer, die sie zwischen sich und ihr altes Leben gelegt hatte. Sie konnte nicht einfach ins Auto steigen oder in die Bahn. Es ließ sich nicht einfach sagen, ich bin gleich da. Vicco hatte versucht, ihr die Heimreise auszureden, weil er sie nicht beunruhigen, ihr nicht zur Last fallen wollte, und weil er wusste, wie wenig Geld sie hatte.

Hedda blieb stehen. Ein Gecko saß kopfüber auf einer Mauer. Die scheuen Echsen suchten sich, nachdem sie sich mit viel Getöse durchs trockene Blattwerk bewegten, immer einen Sonnenfleck zum Ausruhen. Vorzugweise einen runden Stein. Sie schmiegten sich an diese Rundung und harrten bewegungslos aus, bis ihnen ein Impuls (wer weiß schon warum) sagte, sie mögen sich wieder bewegen. Ergeben setzte sich Hedda auf die Mauer. Sie musste ihren Vater sehen. Sie wollte seine Stimme hören, ihn sagen hören, dass er sich vor seiner Krankheit nicht fürchtete, dass alles gut überstanden werden konnte. Ihm würde sie glauben.

Lollo war es, der ihr am Abend erzählte, dass das Fischerboot nicht zurückgekommen war. Es überraschte ihn, dass sie davon noch nichts gehört hatte, es war überall auf der Insel Gesprächsthema. Sie sagte, als wäre es eine Erklärung, dass ihr Vater Krebs hatte.

„Wie geht es dir?“, fragte er.

„Ich weiß nicht.“ Dann: „Vielleicht wollten sie für einige Tage wegbleiben.“

„Wer?“

„Das Paar auf dem Fischerboot.“

Sie aßen auf dem Balkon zu Abend. Hedda trank drei Gläser Wein. Lollo nahm mit seinem Blick Maß und entschied wohl, zu warten, bis sie darüber sprechen wollte. Die Sonne ging unter, dann kam das Schweben zwischen Tag und Nacht, Fledermäuse und Sturmtaucher flogen auf, schwarze und weiße Fluggeschosse am Himmel.

Als Lollo eingeschlafen war, erwachte die Fremdheit wieder. Hedda betrachtete die gebräunte Haut, das verblichene Tattoo, den grau gesprenkelten Bart, die rotbraunen Wimpern. Eine hatte sich auf die Wange verirrt. Lollo hielt den Atem an, als sie ihn vorsichtig anhauchte, wandte sich ab und nahm unwillkürlich das ganze Leintuch mit. Sie wünschte, er wäre wach, würde etwas sagen, nichts sagen. Dann konnte sie darauf eingehen, sich dazu verhalten. Jetzt lenkte sie nichts von ihren Gedanken ab – ihr Vater, das verschwundene Fischerboot, und einmal mehr die Furcht, dass das, was zwischen ihr und Lollo war, nicht reichte. Wenn er am Morgen aufwachen, sie noch im Bett oder in der Küche lieben würde, ohne großes Aufheben, wie es seine Art war, würden diese Bedenken wieder fort sein.

Sie hatten sich vor einem halben Jahr auf einer Strandparty kennengelernt. Hedda hatte dem Trommeln zugehört, bis sie bemerkt und herangewunken worden war. Sand und Steine waren warm gewesen, das Meer ungewöhnlich ruhig. Jemand reichte ihr ein Bier. Ein Lagerfeuer brannte, die dem Feuer zugewandten Gesichter waren hell, ebenso die Handflächen der Trommelnden, die gezackten Fächer der Palmblätter. Im Rücken sammelte sich Dunkelheit und Kälte. Die Berge waren verhangen. Der Lorbeerwald löschte seinen Durst an den Wolken.

Zu Hedda gesellten sich zwei Frauen, die sich unterhielten, während eine ihrem Kind die Brust gab. Hedda würde lügen, wenn sie behauptete, dass sie jene Einheit aus Mutter und Kind nicht berührte. Sie versuchte, sich am Gespräch zu beteiligen, und konnte nichts gegen die Befangenheit tun, die sich einstellte, das Gefühl, vergessen, übergangen worden zu sein. Zunächst einmal war es der fehlende Mann, dann kamen Männer, aber die waren nicht die richtigen, dann kam der Richtige, aber er blieb nicht, dann vergingen die Jahre und Hedda war über vierzig und die Zeit für Kinder vorbei.

Sie studierte die veränderten Züge der Mütter, die sie traf, das Weiche, Fürsorgliche, Weltabgewandte. Etwas trennte sie, eine Rolle, die sie nie einnehmen, eine Liebe, die sie nie erfahren würde. Hedda versuchte, sich nichts anmerken zu lassen, besonders zuvorkommend, selbstbewusst, unnahbar zu sein, den Fragen mit Gleichmut zu begegnen – bedauert mich nicht, bemitleidet mich nicht, denkt meinethalben, ich verzichte aus Egoismus, denkt, es wäre mir schlicht zu spät eingefallen, denkt, ich sei glücklich, denkt, ich sei unglücklich. Manchmal kam es ihr vor, als müsse sie sich selbst vor ihren Ahnen rechtfertigen. War sie an der Schwelle, an der ihre Geschichte endete?

Lollo erzählte später, er habe eine Weile neben Hedda gesessen, unbemerkt, habe sie beobachtet, sich gewundert, wie versunken sie ausgesehen habe. Hedda war oft gleichzeitig in dem Moment, den sie erlebte, und außerhalb. Handelnd und beobachtend, zuhörend und nachdenkend. Oder sie stahl sich in Gedanken ganz davon. Warum? Einfach aus dem zutiefst befriedigenden Gefühl, dass sie es konnte. Kaum jemand bemerkte, wenn sie in Gedanken weit weg war. Sie empfand eine diebische Freude, anwesend und zugleich abwesend zu sein, und zu merken, dass die rein physische Anwesenheit meist vollkommen ausreichte. Es war ein regelrechter Sog, eine Sucht, doch manchmal stellte sich ein schlechtes Gewissen ein, das unbestimmte Gefühl, dem Gegenüber etwas vorenthalten, ihn um etwas betrogen zu haben.

Lollo kam aus Hamburg und lebte seit drei Jahren auf der Insel. Der Magnetismus der Insel halte ihn fest, sagte er. So in etwa gehe es ihr auch, antwortete Hedda, als sie ins Gespräch kamen. Er sagte, er habe noch nie jemanden mit ihrem Namen getroffen. Er sprach ihn aus, als brauche vor allem der Anfangsbuchstabe Aufmerksamkeit, als bestünde die Gefahr, dass alles, was hinter diesem Hauchlaut kam, verlorengehen würde.

Sie blieben zusammen, auch wenn Hedda sich eingestehen musste, dass ihre Beziehung besser funktionierte, wenn sie nur zu zweit waren. In der Öffentlichkeit gab es immer wieder Situationen, an denen der eine den anderen nicht teilhaben ließ, vorzustellen vergaß, im entscheidenden Moment nicht ansah. Eine Gefahr, die das lange Alleinsein mit sich brachte. Hedda war sich der Augenblicke bewusst, in denen man, allein weil man da war, Grund für Ärgernis und Ablehnung war (weil man dieses oder jenes tat, sagte oder dachte). Der andere konnte genügend Indizien sammeln, um einen zu verurteilen. Man konnte dieses Urteil ablehnen oder sich bereitwillig schuldig fühlen, aus keinem anderen Grund, als dass man irgendwann Schuld auf sich geladen hatte, wie jeder irgendwann Schuld auf sich lädt.

Hedda lag wach und folgte dem Kreis ihrer Gedanken. Brandung und Wind waren stark. Jede Welle nahm wie eine Zunge Steine mit sich und schob sie den Strand hinauf. Nach einer kurzen Atempause polterten die Steine zurück, und das Spiel begann von neuem. Die Felsen verstärkten diesen Pulsschlag hundertfach, es krachte und grollte, bis sich in Heddas Vorstellung eine Welle am Horizont aufzutürmen begann, die auf die Küste zurollen und alles verschlingen würde. Sie konnte sehen, wie Straßen und Häuser unter den Wassermassen nachgaben, wie sich Menschen an Dächern und Palmen festhielten und die Berge hinauf rannten. Sie überlegte, wohin sie flüchten würde, wenn sich die Zeichen einer Flutwelle weiter verdichten sollten, und sie glaubte an die Notwendigkeit dieses Plans mit einer Überzeugung, die nur nächtliche Phantasien einflößen konnten.

Sie trat mehrmals auf den Balkon, um nachzusehen, legte sich fröstelnd und kaum beruhigt aufs Bett, überlegte, ob sie Lollo wecken sollte. Irgendwann schlief sie ein. Ein Teil des Leintuchs wurde ihr wieder überlassen. Am nächsten Morgen konnte sie noch ein Bruchstück eines Traums fassen. Ein nackter Mann mit hagerem, gekrümmtem Oberkörper und spitzem Gesicht hockte auf einem Ei. Die Schale bekam Risse, fing an zu knacken. Es war ein widerlicher Anblick, doch Hedda empfand weder Abscheu noch Angst, eher Neugier. Sie schüttelte das Bild ab und suchte den blauen Ring zwischen den Büchern auf ihrem Nachttisch. Sie hörte, dass Lollo duschte, und ging in die Küche, um Kaffee zu kochen.

Das Fischerboot war nicht zurückgekommen. Es kam auch am nächsten und übernächsten Tag nicht zurück. Das Boot, der Fischer und das Pärchen blieben fort.

Es gab keinerlei Hinweise, der Wind war zwar stark, doch nicht stürmisch gewesen, es hatte kein Unwetter gegeben, auch nicht in der Nähe der Nachbarinseln. Das Boot blieb verschwunden, keine einzige Planke tauchte wieder auf. Fünftausend Kilometer waren es bis zum amerikanischen, dreihundert Kilometer zum afrikanischen Festland. Von dort kam der Wind. Es geschah fast unmerklich, aus dem Grün der Bäume, dem Blau des Meeres war über Nacht etwas fortgekommen. Der *Calima* setzte ein. Er brachte Sand aus der Sahara und verschluckte nach und nach alle Farben. Das Meer wurde stumpf, der Himmel trüb. Auf den Autos lag ockerfarbener Wüstensand. Es wurde heiß, oben in den Bergdörfern noch mehr als an der Küste. Keine Wolke war am Himmel, die Luft stand.

Auf der Insel gab es kaum ein anderes Gesprächsthema als das Fischerboot. Es war einfach abhandengekommen, ohne Spur, ohne Zeichen der Not. Niemand konnte sich daran erinnern, etwas Ähnliches erlebt zu haben. Auf der Straße wurde, nach wenigen Sätzen, zu dem Ereignis übergewechselt, Neuigkeiten ausgetauscht, die kaum welche waren. Dann folgte ein bedauerndes, mitleidvolles Wiegen des Kopfes, als wäre etwas Unausweichliches eingetreten, etwas, das in seiner ganzen Tragweite vorherbestimmt war.

Hedda wünschte, sie hätte das Gesicht der Frau gesehen. Natürlich wusste sie längst aus der Zeitung, wie das Paar hieß, und auch ein Foto der beiden war veröffentlicht worden. Doch sie misstraute dem Bild, die Frau musste an jenem Tag ein anderes Gesicht gehabt haben, weiß und windumspielt auf der Kaimauer. Die Mauer hatte sich verlängert, als habe der Tod ihnen einen Aufschub geschenkt, bevor das unausweichliche Hinabklettern ins Boot folgte, das unausweichliche Gespräch, in dem die Wünsche für die Fahrt besprochen, die Route festgelegt wurde. Wäre an jenem Tag etwas anders verlaufen, nur ein Schritt anders geplant worden, dann wären sie vielleicht noch am Leben. Hätten sie den Urlaub eine Woche früher oder später angetreten, sich im Flugzeug erkältet, wären sie an ihrem ersten Abend nicht am Hafen entlangspaziert und dem Fischer begegnet, oder nach wenigen Meilen seekrank geworden, hätte der *Calima* früher eingesetzt – die Ausfahrt wäre verhindert worden. Hedda hätte das Paar nicht vom Strand aus beobachten können, und sie wären nicht in der Pause vor dem Höhepunkt des Liedes gleichsam vorauseilend verschwunden.

Durch ihre Beobachtung war Hedda zur Verbündeten geworden. Sie erzählte niemandem davon, sie wusste nicht wie. Aus jenem Augenblick konnte nichts herausgelöst werden. Ließ sie etwas weg, erübrigte sich der Grund des Erzählens, sagte sie alles, wurde sie unglaubwürdig. Was davon war wirklich geschehen und was hatte der Wind, die Sonne und die Musik im Überschwang des Augenblicks dazugedichtet?

Es war einmal, und ist doch nie geschehen –, Hedda hatte diesen rätselhaften Anfang der rumänischen Märchen immer gemocht, auch wenn sie ihn als Kind nicht ganz verstehen konnte. Es schien angebracht zu sein, dem, was erzählt wurde, nicht zu trauen. Die Geschichten öffneten einen Raum der Unbestimmtheit und Gefährdung. Sie durfte sich auf nichts verlassen, durfte daran zweifeln, ob Täuschung und Wirklichkeit so leicht voneinander zu unterscheiden waren. Henriette (von den Enkelinnen Henri-Oma genannt) hatte sie dazu angehalten. Sie hatte die Fähigkeit besessen, frei zu erzählen. Sie konnte sich kurzerhand ein anderes Ende ausdenken, Sätze oder Nebenfiguren aufgreifen und eine neue Geschichte daraus bauen. Sie ließ die Königstochter links liegen und widmete sich einer Figur, die nur am Rande erwähnt wurde. Sie vermischte die Märchen, der Fuchs erhielt das Gold, der Nebelriese das Zauberpferd, der weiße und rote Kaiser stritten sich um die Ungeborene, Niegesehene.

„Es sind nicht unbedingt die Hauptfiguren, die wichtig sind", sagte sie. „All jene, die kurz, manchmal nur am Rande erwähnt werden, *sie* wollen wir nicht vergessen."

Henriette hatte ein gutes Gedächtnis und wusste viel. Was sie wusste, stammte nicht aus Büchern, sondern aus dem, was sie erlebt hatte, und was sie erlebt hatte, war viel. Sie hatte die halbe Welt bereist und jeden Beruf ausgeübt, der ihr abwechslungsreich genug erschien. Hedda bewunderte ihre Großmutter – eine Großmutter, wie sie niemand sonst hatte. Sie trug auch im Alter schöne Kleidung (und nie, wirklich nie, die nichtssagenden Beige-Grau-Töne, denen ältere Menschen irgendwann verfielen), misstraute Vorschriften und hatte ein Gesicht, an dem man sich nicht sattsehen konnte. Wenn sie abfällig gemustert oder kritisiert wurde, sagte sie schlicht: „Gottes Garten ist groß", und meinte dabei nicht, dass auch für sie darin Platz war, sondern für die „kaum zu unterschätzende Dummheit der anderen". Sie war eine ungewöhnliche Frau mit vielen Talenten und Ideen, die sie allesamt umzusetzen begann, und selten zu Ende führte. Sie war unberechenbar. War man mit ihr verabredet, kam sie zu spät oder gar nicht, erwartete man sie am allerwenigsten, stand sie vor der Tür.

Hedda hatte den blauen Ring ihrer Großmutter oft erbeten, um versuchsweise in ihre Haut zu schlüpfen. Niemand in der Familie konnte erzählen, woher der Ring stammte. Vicco sagte, er sei schon immer dagewesen, und es stimmte, keinen einzigen Tag fehlte er an Henriettes rechter Hand. Als er ihr geschenkt wurde, zwei Wochen vor Henriettes Tod, hatte Hedda ein schlechtes Gewissen, als würde sie etwas unendlich Wertvolles unverdientermaßen erhalten, und sie hoffte, dass ihre jüngere Schwester mit dieser Bevorzugung würde umgehen können.

„Tu mir den Gefallen und trag ihn", hatte Henriette gesagt. „Steck ihn nicht in die Schublade, weil du Angst hast, ihn zu verlieren. Er ist nicht viel wert. Der Stein sieht zwar echt aus, ist aber nur aus Glas."

Als Hedda fragte, woher sie ihn habe, sagte Henriette, dass sie alles in ihren Notizbüchern nachlesen könne.

„Vielleicht fällt dir ja etwas Gescheites ein, was du mit ihnen anstellen kannst."

Somit waren nicht nur der Ring, sondern, fast nebenbei, auch die Notizbücher ihrer Großmutter in Heddas Besitz übergegangen. Ein Dutzend zerschlissener Kladden voller Zahlen, Zeichnungen und Notizen. Henriette musste sie immer wieder zur Hand genommen haben. Manches war überschrieben, unkenntlich gemacht, oder nachträglich hinzugefügt worden, erkennbar am veränderten Zeilenfall oder einem anderen Stift. Besonders augenfällig war dies für Hedda bei den Einträgen des Jahres 1945. Sie erkannte Beobachtungen und Gespräche einer gemeinsamen Reise, die Henriette am Rand ergänzt hatte.

Als Hedda zehn Jahre alt war, durfte sie ihre Großmutter übers Wochenende in die Berge begleiten. Henriette wollte den Ort wiedersehen, wo sie im Januar fünfundvierzig Zuflucht gefunden hatte. Der Bus brachte sie bis zu einem Bergdorf, die letzten Kilometer gingen sie zu Fuß. Henriette war damals, in einem schneereichen Winter, den ganzen Weg zu Fuß gegangen. Ihre Mutter Alma hatte dieses Versteck ausfindig gemacht. Sie hatte, im Gegensatz zu ihren ältesten Töchtern Anna und Lilli, den Gerüchten über eine Deportation Glauben geschenkt.

„Hattest du keine Angst?"

„Nein", sagte Henriette, doch Hedda ahnte schon damals, dass es nur die halbe Wahrheit war. Selbst wenn sie vor dem Wald keine Furcht empfand, vor Bären und Wölfen, musste sie Angst vor der Ungewissheit gehabt haben.

Irgendwann tauchte ein großer, schmuckloser Steinbau auf, abweisend und zugleich einladend durch seine vielen kleinen Sprossenfenster. Einige hundert Meter entfernt standen weitere Häuser, lose hingeworfen auf einer Lichtung. Sie bezogen ein Zimmer unterm Dach, ließen die Kleider in den Rucksäcken oder legten sie über Stühle und Bett; der große Eichenschrank konnte nicht benutzt werden. Wenn man die Türen öffnete, würde er auseinanderfallen, warnte die Wirtin mit einem Blick, der zeigte, dass sie gewohnt war, sich ein schnelles Urteil zu bilden.

Henriette bestellte Mokka auf der Terrasse. Sie mochte den sandigen Geschmack, hatte der Familie Kaffee aus Deutschland mitgebracht, den sie selbst ablehnte, wenn sie zu Besuch war. Hedda bekam eine Limonade. Doch schon nach kurzer Zeit zog Nebel auf, verhüllte die Sonne, Tannenwälder und Berge, eine endlose, ungewisse Hügellandschaft. Die wenigen Geräusche, das Echo der

Kuhglocken, das Hämmern eines Spechts, wurden dumpf, die Fenster des Steinbaus blind, nichts schien davor oder dahinter zu sein. Die anderen Gäste senkten ihre Stimmen. Hedda hatte den Eindruck, als löste der Nebel alles auf, und nur Haus und Terrasse blieben übrig. Eine unwirklichere, verlassenere Zuflucht konnte es nicht geben.

„Morgen wird es besser", versprach Henriette.

„Woher weißt du das?"

„Wir werden umgedreht im Bett schlafen, dann wendet sich auch das Wetter."

„Hast du das schon einmal ausprobiert?"

„Nein, aber es ist einen Versuch wert, meinst du nicht?"

Sie schliefen beide mit dem Kopf am Fußende des Bettes, und in der Dunkelheit der Dachkammer malten sie sich aus, was man am nächsten Tag noch alles umgedreht machen könnte, falls das Wetter ihren freundlichen Wink nicht verstehen sollte. Das Schlafhemd falsch herum anziehen, mit dem Rücken voran den Wirtsraum betreten, das Abendessen vor dem Frühstück einnehmen, sich zuerst mit dem Handtuch trocknen und dann in den See springen. In Heddas Vorstellung war es ihrer Großmutter hier gut ergangen, hatte sie die Monate in den Bergen in dieser Stimmung verbracht – durch jene Eigenschaft getragen, das Beste aus einer Situation machen zu können, immer einen Einfall zu haben und sich im Zweifelsfall selbst genug zu sein.

Henriette tat und sagte nichts, um diesen Eindruck zu korrigieren. Sie zeigte Hedda einen Weg durchs Unterholz, eine Abkürzung, die sie gegangen war, um beim nächsten Bauernhof Milch zu holen. Sie führte sie, von der Wirtin unbemerkt, in den Keller, in dem, damals wie heute, Wein und Kartoffeln gelagert wurden. Sie schien die Zeit mit ihrer Enkeltochter zu genießen, als wäre es eine andere gewesen, die sich mit siebenundzwanzig Jahren versteckt hatte, als die deutsche Bevölkerung nach Russland verschleppt worden war. Doch es gab Augenblicke, in denen Henriette abwesend wirkte: Als sie erkannte, dass die Berghütte nicht mehr dieselben Pächter hatte, als sie die Stiegen nahm und gedankenverloren über den Handlauf strich, den Geruch von wurmstichigem Holz und abgestandenem Rauch einsog, und es, trotz der Warnung, nicht unterlassen konnte, den Eichenschrank zu öffnen und hineinzusehen. Sie machte einen großen Bogen um die Stallungen, war nicht dazu zu überreden, zu den Kühen zu gehen oder die Schweine anzuschauen. Eines Nachmittags blieb sie am Eingang einer Scheune stehen, sah mehrere Minuten hinein, ohne sie zu betreten. Eine Hand berührte den Türrahmen, die andere hing lose herab, sie lehnte den Kopf gegen die aufgestützte Hand, schien mit der Erde und dem Holz zu verwachsen. Was sie auch hier erlebt hatte, an was sie sich gern erinnerte und was sie vergessen wollte, sie machte den Eindruck, als würde ihr klarwerden, dass sie immer zu diesem Ort gehören würde. Dass sie immer dieser Ort *war*, ob sie wollte oder nicht.

Am nächsten Morgen, und die ganzen restlichen Tage, Hedda wunderte es kaum, hatte sie übrigens strahlender Sonnenschein erwartet.

„Komm zur Scheune, ich will dir etwas zeigen." – Hedda hatte diesen Satz unter den Notizen ihrer Großmutter gefunden. Nachträglich hinzugefügt und mehrmals unterstrichen: „Hätte ich verzichten sollen?"

Nie hatte Henriette jemand etwas zeigen müssen. Auf nichts hatte sie freiwillig verzichtet. Es gab kaum etwas, was sie nicht sehen, erleben wollte oder was sie bereute. Diese Sätze waren nur eine Andeutung, doch Hedda wusste, wie es den Frauen im Krieg ergangen war. Sie dachte daran, wie außergewöhnlich schön Henriette gewesen war, an die Distanz zwischen ihr und Vicco, die sich, trotz beiderseitiger Bemühungen, nie ganz aufgelöst hatte, und konnte das Bild nicht abschütteln, das sich ihr aufdrängte: Ein Mann, der Henriette in der Scheune die Schenkel auseinanderdrückte, schau, ich muss dir etwas zeigen, und während er ihr zeigte, was er zu zeigen hatte, war sie woanders gewesen, irgendwo.

Hedda dachte an das verschwundene Boot, und ihr kam der Gedanke, dass der Tod dem Paar und dem Fischer bereits eingeschrieben gewesen war, lange, bevor sie sich zu jener Fahrt entschlossen hatten. Vielleicht waren sie schon einige Zeit in der Gemeinschaft des Todes gegangen und er hatte sich nicht erst auf der Kaimauer zu ihnen gesellt. Vielleicht waren sie mehr oder weniger wissentlich auf ihn zugegangen, hatten ihm beide Hände entgegengestreckt, weil sie ihn, wie es Henriette als junger Frau geschehen war, mit dem Leben verwechselt hatten.

Die nächsten Tage arbeitete Hedda im Laden. Kundinnen brachten ihren Schmuck vorbei, um ihn reinigen oder Verschlüsse austauschen zu lassen. Urlauberinnen erwarben eine Erinnerung an ihre Inselzeit. Einer der teuersten Ringe ging unter ihrer Beratung über den Ladentisch, ein schmaler, mit Rohdiamanten besetzter Goldring. Eine Schweizerin hatte ihn, ganz selbstverständlich, als gehöre er nirgendwo anders hin, an den kleinen Finger ihrer linken Hand gesteckt. Hedda, die auch im Laden den Ring ihrer Großmutter trug (ob jemand bemerkte, dass es kein echter Turmalin war?), mochte es, bei der Auswahl von Schmuck behilflich zu sein. Es gab für jede Frau ein passendes Schmuckstück, so wie es für ihre früheren Kundinnen das richtige Buch gegeben hatte. Wenn es glückte, übertrug sich etwas von ihrer Freude auf Hedda.

Am Freitag, als ihre Schicht zu Ende war, suchte sie einen Anhänger aus grauem Lavastein für ihren Vater aus. Er sammelte Steine, brachte von jedem Spazierweg Fundstücke nach Hause und nahm bei Flügen Nachzahlungen in Kauf, da sein Koffer, trotz Lianes Warnung, auf der Rückreise schwerer als auf dem Hinweg war.

Hedda besprach mit der Inhaberin des Ladens, dass sie kurzfristig fort musste, und buchte einen Flug für Montag.

„Gut, dass du zu deiner Familie fährst“, sagte Lollo. „Ich habe darauf gewartet.“

„Warum?“

„Weil du die letzten Tage kaum ansprechbar warst. Wie in einer Luftblase.“

„Mich hat das verschwundene Boot beschäftigt.“

Er sah sie überrascht an.

„Ich habe das Paar gesehen. Ich konnte beobachten, wie das Boot aufs Meer hinausgefahren ist.“

„Ist dir etwas aufgefallen?“

Hedda schüttelte den Kopf. „Bedeutet das etwas?“

„Was?“

„Wenn man die letzte war, die jemanden gesehen hat.“

Lollo wusste keine Antwort. Sie waren auf dem Rückweg von einer Wanderung durch den Nebelwald. Zwischen den Lorbeerbäumen und Riesenfarnen hatte sich ein wenig kühle Luft verschanzt. Der Abstieg führte sie durch einen trockenen *Barranco*. Als sie an der Küste ankamen, war es fast dunkel. Hedda hatte vergessen, eine Taschenlampe mitzunehmen. Sie mussten die unbeleuchtete Schotterpiste zurück zum Hafenort. Der aufragende Fels neigte sich bedrohlich über den Weg. Ein sachter Wind wachte auf und lief die Küste ab, spielte mit den Wellen, ließ die Boote schaukeln, die außerhalb des Hafens vor Anker lagen, und hob die Sturmtaucher aus ihren Höhlen.

Lollo schlug vor, schwimmen zu gehen. Hedda zögerte, alles bestand aus Schattenrissen, der Weg, die Berge, die Kaimauer, die Boote. Nur das Meer fing noch etwas Blau ein. Sie kletterten das felsige Ufer hinab und zogen sich aus. Hedda folgte Lollo, der in kräftigen Zügen hinausschwamm, und versuchte, nicht daran zu denken, wie steil der Meeresgrund unter ihr abfiel. Etwas streifte ihr Bein. Sie legte sich auf den Rücken. Lollo sagte etwas. Sie konzentrierte sich auf den Klang seiner Stimme, auf den vorsichtigen, warmen Ton, der ihr das Gefühl gab, gehalten zu werden. Ihr Körper wurde leicht, schaukelte auf den Wellen, als läge sie in einer Hängematte.

Oft kam es ihr vor, als habe sie nichts. Jetzt war es, als gehöre ihr alles. Irgendwo gingen Lichter an, wurden Tische gedeckt, Abendessen zubereitet. Auf den Straßen verebbten die Geräusche. Der Mond hob den Horizont aus dem Dunkel, die Sterne tauchten auf. Die Fischerboote lagen vor Anker, Fische, Schildkröten, Wale und Delphine trieben, ebenso wie sie, durchs Wasser. Alle Erinnerungen, alle Hoffnungen, Ziele und Ängste, die sich auf eine unbestimmte Zukunft richteten, waren nicht mehr von Bedeutung. Jetzt war sie hier.

War es nicht genau das? Ging es nicht immer darum? Wer konnte sagen, ob ihr mehr zugestanden hätte, ob ein anderer Weg glücklicher gewesen wäre? Welche Entscheidung war wichtig, eine, die wirklich etwas bedeutete? Vielleicht war es zuletzt lächerlich gleichgültig. Jedes Ziel, jeder Wunsch diente dazu, irgendwo anzukommen, und wenn man nicht aufpasste, versäumte man den Moment, in dem man mit allen Sinnen spürte, wo man war.

„Es war einmal und ist doch nie geschehen, als die Pappel Birnen trug und der Weidenstrunk Veilchen, als die Wölfe die Lämmer küssten und die Bären mit ihren Schwänzen wedelten, als die Fliegen an der Wand schöner schrieben als die Mönche auf dem Berg Athos, und als man die Flöhe mit neunundneunzig Pfund Eisen beschlagen in den Himmel hinaufwarf: Von dort brachten sie die neuen Geschichten herab."

Heddas Welt war die zwischen Wölfen und Lämmern, die, bei der man nicht sagen konnte, ob sie wahr oder erfunden ist, jene, die vor allem Endgültigen geschützt ist, weil sie nach außen hin kaum Tatsachen schuf, die nicht mehr rückgängig zu machen waren. Aber vielleicht brauchte es neunundneunzig Pfund Eisen, um die Leichtigkeit zu besitzen, mit neuen Geschichten zurückzukommen; jene Verschlagenheit, etwas mit aller Ernsthaftigkeit zu behaupten, was doch, wie jeder wusste, der einen Roman aufschlug, erfunden war.

Inhaltsverzeichnis

Glossar

Cuconiță – hier im Sinne von leichtlebiger Dame
Trombonist – Lügner, Angeber, Aufschneider
Schiwwer – Spreißel, Splitter
Vertrandeln – trödeln
Angyalom – mein Engel
Poligon – hier Übungsplatz
Ie – folkloristisches rumänisches Hemd
Pálinka – ungarischer Obstbrand
Keff – hier Fest, Party
Mici – gegrillte Hackfleischröllchen
Päda – Pädagogische Hochschule für angehende Lehrerinnen und Lehrer und Kindergärtnerinnen
Calima – Ostwind, der Sandstaub mit sich bringt
Barranco – Schlucht

Dank und Hinweise

Den Impuls für die erste Geschichte gab die Lektüre des Rumänischen Tagebuchs von Hans Carossa.

Die zweite Geschichte verdankt ein wichtiges Motiv dem Vertrauen von Julia Knapp und ihrer Familie.

Die dritte Geschichte wäre nicht ohne Heinrich und Marianne Haltrich denkbar.

Der Ort, an dem die vierte Geschichte spielt, mag dem ein oder anderen Inselmädchen bekannt vorkommen.

Ich danke meinen Erstleserinnen und Erstlesern Andreas Thies, Renate und Helmut Wolff, Julia Knapp, Richard Müller-Schmitt, meinen Lektorinnen Christine Rechberger und Corinna Kroker sowie meiner Agentin Caterina Schäfer.